Aus dem Off
Andreas Reichardt

D1727747

2.Auflage Januar 2008

Coverfoto by www.photocase.de – Gestaltung: Ubooks
©opyright by Andreas Reichardt

ISBN 3-86608-027-1

Ubooks-Verlag
Dieselstr. 1
86420 Diedorf

www.ubooks.de

Vorwort zum Überlesen

Ich schreibe, wenn ich dazu gezwungen werde, oder wenn ich keine Alternative habe. Ich schreibe, um mich vor dem Warten zu drücken. Dann zücke ich mein Notizbuch – ein Moleskin, ja, stilvoll geht die Feder zum Papier – und schreibe. Dabei ist das Erfinden von Geschichten und das Finden der passenden Worte erst einmal Nebensache, das passiert, mal mehr und mal weniger von alleine. Es geht um den mechanischen Vorgang des Schreibens, das Bewegen des Stiftes auf dem Papier, das Zurücklassen von Spuren für mich und meine Eitelkeit und natürlich die Nachwelt.

Das Notizbuch ist meine Schachtel Zigaretten, der Stift das Zippo, und die Worte, die auf das Papier fließen, sind der beruhigende blaue Qualm, der aus dem Inneren nach außen dringt.

Inzwischen war die Beziehung zwischen Paul und seinem Vater klassischer Gesprächsstoff auf den Partys in und um Augsburg. Man riss Frauen damit auf. Eine Prise Erotik, etwas Tragik und viel zum Lachen, da mussten die Damen doch schwach werden.

Und während Mann – mal mehr und mal weniger dezent – die Oberweite der Dame musterte und sich fragte, ob das alles echt war, begann die Geschichte scheinheilig mit Paul und damit, dass er zu selten vor der Türe seines Vaters stehen würde.

Zu selten standen er und seine Frau Susi vor diesem günstigen Holzimitat, abwaschbar und pflegeleicht, ein Schnäppchen aus dem nahe gelegenen Baumarkt. Zu selten lasen sie den Namen auf dem metallenen Türschild. Und viel zu selten drückten sie den schwarzen Plastikknopf daneben und hörten das Gekreisch, das unweigerlich darauf folgte.

Hatte man sich mit der – unter Umständen paarungswilligen – Dame in einer kuscheligen Ecke niedergelassen, konnte man vielleicht noch erzählen, wie Paul während der Schulzeit gewesen war. So was erinnerte immer an die alten Zeiten. Vielleicht würde sie dadurch sentimental und, wenn die nötige Menge Alkohol im Spiel war, auch geil werden. Man berichtete von Pauls zweifelhafter Karriere als Schulschläger und davon, dass er auch heute selten die Fäuste ruhen ließ, wenn es nur den geringsten Anlass gab.

Vorausgesetzt er und seine Frau waren zugegen, ließ es sich Paul nicht nehmen, einer solchen Darstellung nicht nur mit Worten alleine zu widersprechen. War dann die Party gesprengt und Paul bereits von einigen Gästen mehr oder weniger freiwillig vor die Tür gebracht, versuchte Susi, sich im Namen ihres Gatten zu entschuldigen; allerdings interessierte das kaum einen.

Wenn man es recht bedachte, war diese Geschichte vielleicht doch kein Stoff mit dem man einen One-Night-Stand klarmachte. Denn war die Situation einmal eskaliert, waren Romantik und Dame meist verschwunden und man selber stand, nicht selten mit blutender Nase, zwischen umgestoßenen Gläsern und zertretenen Erdnussflips.

Und wenn man sich nicht schleunigst bei den Gastgebern für die Weinflecken im Teppich entschuldigte und sie damit beschwichtigte, dass mit Salz diese Flecken problemlos zu entfernen wären, konnte es durchaus passieren, dass man das Schicksal der beiden teilte und immer seltener auf Partys eingeladen wurde.

Nun, das Risiko einer blutigen Nase nehme ich auf mich, deshalb erzähle ich nun die Geschichte von Paul und Susi. Ich werde auch einige Details aus seiner Schulzeit nicht auslassen ... Wer weiß, vielleicht läuft ja heute Abend noch was ...?

Kapitel 1

Es war wieder einer dieser seltenen Tage, in diesem Fall Samstag, der 6. Juli 2003. Paul und seine Frau Susi standen vor genau dieser Tür, lasen genau dieses Klingelschild (das Paul immer an die Sache mit seiner Mutter erinnerte) und drückten genau jenen schwarzen Knopf, der das Kreischen an ihr Ohr dringen ließ. Es dauerte eine Weile, ehe sie die müden Schritte des alten Mannes auf dem alten Veloursteppich, gedämpft durch das Pressholz, hörten. Die Blumen aus dem braunen Tontopf lächelten sie fröhlich an und warfen ihnen die ersten verdorrten Blätter entgegen.

Die Klinke wurde heruntergedrückt und durch einen dunklen Spalt schlüpfte stickige Luft ins Freie, entfloh der Enge. Luft, die geschwängert war von scharfem Rasierwasser, Zigarettenqualm und Alter.

Die gleichgültigen Augen des Vaters blickten in den sonnigen Tag, ohne den Gästen weitere Beachtung zu schenken. Er ließ die Klinke los und schlurfte, vorbei an den gesammelten Erinnerungen durch den engen Flur, zurück ins Wohnzimmer. Auf dem Weg dorthin, ungefähr auf der Höhe des Urlaubsfotos ‚Gardasee 1980', murmelte er: «Zieht ja die Schuhe aus.» Der lakonische Ton stimmte die beiden Eindringlinge auf den Tenor des Nachmittags ein.

Die Stimmen zweier weiterer Personen schallten aus dem Wohnzimmer, durch die Glastür mit dem Flaschenbodenmuster. Sie waren wegen des kaputten rechten Fernsehlautsprechers leicht verzerrt.

«Ich hasse ihn! Warum gehen wir nicht einfach wieder? Damit tun wir deinem Vater, dem alten Sack, an seinem Geburtstag sogar noch einen Gefallen. Ich kann nicht glauben, dass wir hier sind.»

«Jetzt komm schon. Tief einatmen und durch. Wir haben schon Schlimmeres überlebt.» Beide vermieden es, die Male zu zählen, da sie diesen Flur schon durchquert hatten.

Paul schlüpfte aus seinen ausgetretenen Adidas, Susi aus den weißen Sommersandalen mit den schmalen Riemen um die Fesseln. Sie schlossen die Haustür und folgten dem Gastgeber wider Willen in das größte Zimmer des Hauses.

Die Rollläden waren heruntergelassen worden, auf Schlitz.

Das Licht zwängte sich durch die länglichen Öffnungen und malte breite Strahlen durch die Luft, um schließlich unzählige Punkte auf der dunklen alten Schrankwand und der beigefarbenen Schilfrohrmuster-Tapete zu werfen. Aus dem Aschenbecher qualmten kleine Rauchschwaden. Susi stellte die Tupperware-Kuchenhaube auf den kleinen Wohnzimmertisch und setzte sich an das linke Ende der Couch, mit Paul als Puffer zwischen ihr und seinem Vater.

Eine Obstschale mit Äpfeln und Bananen stand ebenfalls auf dem Tisch. Die Äpfel sahen mehlig aus und das Gelb der Bananen verlor sich im Schwarz der fortschreitenden Fäule. Darüber kreiste ein kleiner Schwarm winziger Fruchtfliegen. Da Pauls Vater sich wieder gelangweilt dem Fernsehen hingab und keinerlei Anstalten machte, den Pflichten eines Gastgebers nachzukommen, wollte Susi den Aufenthalt verkürzen, ohne Paul Anlass zu geben, sich über sie aufzuregen: «Kaffee?»

«Du kannst gerne welchen machen. Du weißt ja, wo alles steht», kam die geknurrte Antwort aus dem Fernsehsessel, der unter seiner häufigen Beanspruchung bereits zu leiden schien. Der Stoff war abgewetzt, von Farbe konnte eigentlich keine Rede mehr sein. Susi verkniff sich eine entsprechende Bemerkung, seufzte stattdessen und verdrehte die Augen. Dabei schweifte ihr Blick kurz über die speckige Decke mit dem Styroporstuck an den Seiten. Dann verließ sie den Raum in Richtung Küche, sichtlich erleichtert durch die räumliche Entfernung zu Werner Winter.

«Es ist schön draußen. Wollen wir uns nicht ein wenig auf die Terrasse setzen?», schlug Paul zögernd vor.

«Nein.»

Von nun an übernahmen wieder die zwei Gesichter im Fernsehen die Konversation und obwohl Paul beide kannte, schaffte er es nicht, ihnen Namen zuzuordnen. So saß er still da und dachte über Namen nach. Er vermied es, durch die Nase zu atmen, um nicht vom penetranten Geruch seiner Kindheit überwältigt zu werden.

Nach einigem Geklapper stieg der Duft von frisch aufgebrühtem Kaffee aus der Küche und vermischte sich mit den anderen Gerüchen im Raum. Für Paul wurde es erträglicher.

Sein Blick glitt über die mit Erinnerungen beladene Schrankwand. Als Kind hatte er sie als bedrohlich empfunden, ein Bollwerk elterlicher Autorität. Dort war das Barfach, der Eckschrank mit den Kartenspiel, bei dem wahrscheinlich noch immer die Kreuz 8 fehlte, das Sideboard mit dem Fernseher und den Fotos auf einer gehäkelten, fleckigen Decke. Vermutlich lag auf den Bildern inzwischen eine dicke Schicht klebrigen Staubes. Weiter wollte Paul dieser Überlegung nicht nachgehen.

Stattdessen erinnerte er sich an seine Kindheit. Er war neun, vielleicht zehn gewesen und hatte seinen Vater Woche für Woche gebeten, mit ihm doch Karten zu spielen. Jedes Mal kam die Antwort, er hätte keine Zeit für so was. Aber Paul gab nicht auf. Wieder stand er mit dem klebrigen Päckchen Karten vor seinem Vater. Der saß gerade im Fernsehsessel und blätterte in der Zeitung.

«Spielen wir Mau-Mau?»

«Paul, ich habe keine Zeit für so was. Geh raus und spiel mit deinen Freunden!», kam es hinter der Zeitung vor. Etwas verächtlich, aber das merkte Paul in diesem Alter noch nicht. In der Erinnerung wirkte es jedoch übertrieben.

«Werner, nun spiel doch mit dem Jungen! Er bittet dich schon so lange», tönte es aus der Küche.

Paul glaubte zu hören, wie sein Vater tief Luft einsog. Dann warf er die Zeitung auf den Boden und rutschte seinen Sessel etwas an den Wohnzimmertisch heran. Eine kleine Vase stand darauf mit Blumen, die Paul für seine Mutter gepflückt hatte. Die ersten ließen bereits die Köpfe hängen. Werner Winter nahm das Kartenspiel aus den aufgeregten Händen seines Sohnes, öffnete das alte Päckchen und ließ die einzelnen Karten durch die Finger gleiten. Die Zweier, Dreier, Vierer, Fünfer und Sechser warf er zusammen mit der Jokern auf den Tisch. Dann nahm er die übrigen Karten und zählte sie. Dann noch ein zweites Mal. Etwas verwundert drehte er die Karten um und besah sich die Bilder. Schnell sortierte er die Karten nach Farben und schon war die fehlende Karte ausgemacht.

«Wo ist die Kreuz 8?», fragte er Paul.

Der Junge schüttelte den Kopf und zuckte die Schultern. Sein Vater rückte näher an ihn heran.

«Du weißt doch, dass das mein Kartenspiel ist, oder? Wo ist die Kreuz 8? Hast du sie verloren?» Seine Stimme klang zornig und Paul bekam Angst.

«Ich weiß es nicht, Papa. Ich spiele keine Karten mit anderen.»

Noch bevor Paul den Satz richtig beendet hatte, knallte die Ohrfeige durch die Luft. Das Räumen in der Küche stoppte für einen Augenblick.

«Lüg mich nicht an! Du suchst jetzt sofort die Kreuz 8, verstanden? Ohne die fehlende Karte werde ich nicht mit dir spielen.»

Als das Schweigen im Wohnzimmer zwischen den Sätzen der Fernsehmoderatoren unerträgliche Dimensionen annahm, beugte sich Pauls Vater aus seinem Sessel nach vorne und griff sich eine Zigarette. Er hängte sie in den rechten Mundwinkel, kramte sein Feuerzeug aus der Hemdtasche und steckte sie sich an. Dann verschwand das weiße Einwegfeuerzeug wieder in der braunen Cordhose, die eigentlich viel zu warm für dieses Wetter war. Nach dem ersten Zug wurde der alte Mann von einem fürchterlichen Husten geschüttelt.

«Du rauchst viel.»

Pauls Blick saugte sich am Aschenbecher fest, der beinahe überquoll. Als sein Vater sich wieder etwas beruhigt hatte, legte er die Zigarette kurz ab und beugte sich abermals aus seinem Sessel nach vorne. Mit seinem gelblich verfärbten Zeigefinger deutete er auf seinen Sohn und holte tief Luft.

«Jetzt mach mal halblang mit deiner gespielten Sorge um mich, ja?» Der Rest seiner Antwort wurde von Susi übertönt, die mit einer Kanne, den dazu passenden Tassen sowie dem Kuchenbesteck auf einem Tablett zurückkam. Sie goss den Kaffee ein und verteilte die Tassen. Danach präsentierte sie den mitgebrachten Kuchen. Es war zumindest fast ein halber Kuchen. Er sah etwas zerfleddert aus. Krümel und Puderzucker hatten sich rundherum verteilt.

«Kuchen?»

«Hast du den gemacht?», kam die Frage aus dem Sessel.

«Ja, vor einer Woche, als meine Freunde zu Besuch da waren. Es ist nur der Rest.»

«Nein danke. Ich weiß ja schon, wie du kochst. Deine Backkünste werden nicht viel besser sein, oder?»

Pauls beinahe flehende Handbewegung unterband die Antwort seiner Frau und Stille kehrte wieder ein in das halbdunkle Wohnzimmer mit den beigefarbenen Gardinen und den Fruchtfliegen über dem Obst.

Susi schlürfte hörbar ihren Kaffee aus der weißen Tasse, deren Blümchenmuster die vielen Jahre in der Spülmaschine nicht verkraftet hatte. Die Farbe war in den letzten Jahren völlig verschwunden, nur mehr matte Umrisse markierten die einst bezaubernden Verzierungen. Ein braunes Rinnsal glitt die Tasse herab und sammelte sich hauchdünn im Ring des Bodens.

Demonstrativ platzierte sie die Tasse auf der ungeschützten Tischplatte, was ihr Schwiegervater zwar mit dem Heben der rechten Augenbraue zur Kenntnis nahm, aber nicht kommentierte.

Das Geräusch der Uhr, die über der Türe hing, wuchs allmählich zu einem ohrenbetäubenden Ticken an, bis es die Situation komplett beherrschte. Selbst die Personen im Fernsehen, die in ihren teuren Anzügen vor dem animierten Bluescreen standen, schienen zu verstummen, und das, obwohl sich ihre Lippen weiter bewegten. Kein Wort, keine Botschaft.

Paul griff einen Teller und legte sich ein Stückchen Sandkuchen darauf, wo es in zwei Teile zerbrach. Dann reichte er seinem Vater einen Teller. «Nun nimm doch wenigstens ein Stückchen Kuchen!», wagte er es erneut.

«Du kommst wohl nicht schnell genug an dein Erbe, was? So wie deine Frau kocht, ist es ein Wunder, dass du noch aufrecht sitzen kannst.»

«Wenn ich für dich koche, dann immer mit besonders viel Liebe!», konterte sie, und der Sarkasmus schnitt durch die dicke Luft wie das Messer durch den Kuchen.

«Oh je. Nur kein Aufwand wegen mir. Ich sterbe noch früh genug», winkte Pauls Vater ab und steckte sich eine neue Zigarette an. Paul wusste, was nun kommen würde. Er versank buchstäblich im Sofa, um nicht zwischen den Fronten aufgerieben zu werden. Wie gerne hätte er jetzt einfach den Kuchen gegessen und die Stille ertragen.

«Das wäre vor fünf Jahren gewesen!», zischte Susi und kam dabei so richtig in Fahrt. «Hättest du nur ein klein wenig Anstand besessen, wäre uns damals dein Totenschein zugestellt worden. Das wäre ein Geschenk gewesen, über das sich Paul wirklich gefreut hätte!»

«Und für ein Lächeln meines Sohnes tue ich doch einfach alles.» Die Asche seiner Zigarette verteilte sich auf dem Sessel und dem Teppich darunter. Eine kurze Phase der Stille – Paul genoss zwei Bissen des Kuchens –, lediglich unterbrochen durch das Ticken der Uhr und den Werbefilm für einen neuen Familienwagen. Danach Toilettenpapier, extra saugstark.

«Paul, nun sag doch auch etwas!»

Paul schrumpfte weiter auf der Couch zusammen. Warum musste sie ihn da mit hineinziehen?

«Das will ich erleben, dass mein werter Sohn mal die Klappe aufmacht, wenn es darauf ankommt. Ist sonst nämlich gar nicht seine Art, nicht wahr? Die Faust ist da schon redseliger.» Paul nahm sich fest vor, dem verbalen Schlagabtausch nicht zuzuhören. Er würde dazwischen sitzen, seine Ohren auf Durchzug schalten und den Fertigkuchen aus der Billigbackmischung genießen. Den mochte er besonders gerne, weil dieser Kuchen eines der wenigen Gerichte war, die Susi wirklich gut zubereiten konnte.

«Sag mal, Susi, bist du eigentlich gut im Bett? Ein anderer Grund fällt mir beim besten Willen nicht ein, warum jemand mit dir zusammenleben will. Du musst ficken wie eine Furie!»

«Da musst du deinen Sohn fragen. Paul muss für geilen Sex wenigstens nicht bezahlen!» Das war Paul nun zu viel. Er verschluckte sich an dem trockenen Kuchen, hustete und würgte, verbrannte sich die Lippen und die Zunge am heißen Kaffee, der geschmacklich ein paar alten Sportsocken nahe kam, und sprang schließlich auf, nicht jedoch ohne sich die Krümel vom Hemd zu streichen: «Haltet bitte beide den Mund! Ich kann es nicht haben, wenn du über Sex sprichst! Und du, Susi, setz dich bitte hin!»

Etwas gedankenverloren griff Pauls Vater nun doch zum Kaffee und setzte ihn mit einer übertriebenen Grimasse wieder ab, als er sich bewusst wurde, was er da tat.

«Mann, trinkt ihr zu Hause Badewasser? Selbst zum Kaffeekochen bist du zu blöd. Bodensehkaffee nennt man so was bei uns. Du bist wohl auch eine von denen, die glauben, eine enge Muschi reicht im Leben aus! Lerne Kaffee kochen!»

«Das reicht! Glaubst du, wir sind hier, weil es uns Freude macht? Du verbitterter alter Mann! Tu uns bitte einen Gefallen und stirb, hier und jetzt!»

«Noch ein Schluck von deinem Kaffee und das könnte tatsächlich passieren» grinste er selbstgefällig.

«Okay, Werner, du hast gewonnen. Ich gehe. – Paul?» Ihr Blick drängte, flehte, und Paul wurde unwohl dabei. Er wusste, dass er nur dann zum Einsatz kam, wenn eine Entscheidung anstand, die Susi nicht treffen wollte. Nur ließ sie ihm nie wirklich eine Wahl.

«Ich komme nach», war eine Antwort, mit der weder sie noch er selbst und am wenigsten sein Vater gerechnet hatte.

«Na gut, fein,» gab sie schnippisch zur Antwort, «aber ich nehme das Auto. Du musst dann zusehen, wie du nach Hause kommst!»

«Ja, ja, ist okay. Ich nehme den Bus oder laufe.» Ohne ein weiteres Wort verschwand Susi im Flur, haderte dort noch etwas mit ihren Schuhen, während sie ihrem Schwiegervater allerlei Flüche an den Hals wünschte. Beim Gehen fiel ihr Blick auf ein Bild, das die gesamte Familie zeigte: Vater, Mutter und Sohn, irgendwo in den Bergen, ein Gipfelkreuz im Hintergrund. «Ein unendlicher Abstieg in dieses Loch!»

«Du hast es mal wieder geschafft.»

«Ach komm schon. Ihr beide seid mir so willkommen wie mein Rheuma oder Ausschlag im Gesicht! Ich habe euch nicht eingeladen und trotzdem kommt ihr immer wieder!»

«Es ist dein Geburtstag, Herrgott noch mal! Wir sind doch schließlich eine Familie!»

«Als wäre das ein Grund ... Eine Familie kann man sich nicht aussuchen. Wir hatten eben Pech mit der Familie. Ich habe mit diesem

Kapitel abgeschlossen. Tu das auch!» Paul seufzte: «Du bist wirklich ein verbitterter alter Mann, weißt du das? Trotz all der Anfeindungen habe ich dich immer wieder in Schutz genommen. Aber glaube mir, damit ist jetzt Schluss!»

Nun trank auch Paul etwas Kaffee und konnte eine Grimasse nur mit Mühe unterdrücken. Der Kaffee schmeckte wirklich wie Spüli. Die Tatsache, dass er seinem Vater, wenn auch nur in diesem einen Punkt, Recht geben musste, machte es nicht leichter.

Hastig aß er den Kuchen und nachdem zwei weitere Versuche, eine Unterhaltung zu führen, scheiterten – das eine Mal über die bevorstehende Bundestagswahl und das zweite Mal über eine geplante Erweiterung der Straßenbahnlinien in Augsburg –, verabschiedete sich auch Paul von seinem Vater mit knappen Worten: «Äh, also, ich meine, ich werde, das war eigentlich nicht ... Wir sehen uns.»

Werner Winter unterdessen sah einfach fern.

Auf dem Weg nach Hause dachte Paul über die Worte seines Vaters nach. Er ärgerte sich, dass er ihm nicht widersprochen hatte, noch mehr allerdings über Susis Kaffee. An der Straßenbahnhaltestelle ‚Blaue Kappe' setzte er sich verschwitzt und zutiefst frustriert neben ein junges Mädchen und war doch nur umgeben von den Worten in seinem Kopf. Verloren in seinen Gedanken kramte Paul das Handy aus der Jackentasche, suchte über das Menü die passende Nummer und hielt sich das kleine Gerät ans Ohr: «Servus Bert! Ich bin's, Paul. Sag mal, hast du kurz Zeit? Grad auf einen Drink... Weiß nicht, vielleicht im Skippers? Bin ich schon ... Okay, ich warte auf dich! Bis denn. Ja. Ciao!»

Die Hitze war unangenehm. Er hatte seine Sonnenbrille im Auto gelassen und so hatte er nur seine Hände zum Schutz vor der tiefstehenden Sonne schützen, gegen die traurigen Gedanken allerdings halfen sie wenig.

«Hallo.» Paul hörte eine Stimme, doch war ihm nicht klar, dass er gemeint war.

«Hallo? Sprichst du nicht mit mir? Oder hat dir deine Mama verboten, mit Fremden zu reden? Keine Angst, ich bin nicht der schwarze

Mann.» Sie grinste frech, rutschte auf der hölzernen Bank etwas näher und ihr Rock dabei ein wenig höher. Die rötlichen Blumen auf dem weißen Stoff verknautschten und zum Vorschein kamen frisch enthaarte, sommergebräunte, wunderschöne Beine.

«Zigarette?», fragte sie.

«Ja ... gerne.»

«Nein, ob du eine Zigarette für mich hast?», lachte sie wieder. Paul tastete, ohne den Blick wirklich zu heben, nach der Schachtel roter Gauloises und fummelte einen Glimmstängel heraus. Paul roch neben dem bekannten Duft des Tabaks auch den des Mädchens ... ein wenig wie Frühling mit Vanille. Für einen kurzen Augenblick schloss er die Augen und ließ diesen verführerischen Duft durch seine Nase ins Gehirn gleiten.

«Du redest nicht viel, oder, Cowboy?» grinste sie unbekümmert und beschwingt. Pauls Augen starrten noch immer auf den Pflasterstein vor ihm, auf den von unzähligen Schuhen getretenen Stein.

«Doch.»

«Hey, du kannst ja reden! Cool. Na, hast du auch Feuer?»

Er wühlte sich am Handy vorbei zu seinem Zippo. Als er ihr die Flamme unter die Nase hielt, hob er das erste Mal seinen Blick und sah sie direkt an. Sie hatte große Augen, die ihr Gesicht beherrschten und selbst die hohe Stirn lieblich aussehen ließen. Das Feuerzeug schnappte metallisch zu und die Flamme verschwand.

«Paul», sagte er nach dem ersten geseufzten Zug.

«Was? Ach so, ich bin Constanze. Du bist ein komischer Kerl, Paul.» Mit einem breiten Grinsen setzte sie ihre Zigarette an den Mund.

Paul starrte gebannt auf ihre sanft geschwungenen Lippen. Seine eigenen waren gnädig und hielten die Zigarette, als er seinen Unterkiefer fallen und alle Beherrschung fahren ließ und Constanze einfach nur bewundernd ansah.

«Was? Soll ich 's noch mal tun?» Wieder dieses hell klingende Lachen. Paul war, als erwache er aus einem Schlaf, der wie ein Schleier über ihm gelegen hatte. Sie setzte erneut an, dieses Mal betont laszív und verführerisch. Sie schloss ihre großen Augen und ließ im Gesicht nur noch die Lippen und die Zigarette zurück. Der Kussmund hauchte den blauen Dunst in den frühen Abend und kleine Wölkchen umschwebten Paul, der Constanze in diesem Augenblick am liebsten geküsst hätte. Ja, wirklich nur geküsst.

«Hey, Paul! Da bist du ja!»
Bert rannte über die Gleise und begrüßte seinen Freund herzlich. Die Erwiderung blieb allerdings etwas verlegen und kühl.
«Na, Cowboy? Sehen wir uns noch mal?», fragte Constanze und legte den Kopf auf die Seite.
«Ja, gerne.»
«Dann gib mir mal deine Handynummer, ich schicke dir dann eine SMS, okay?» Paul nannte seine Nummer und schon kurz nach seiner Bestellung im Skippers deutete ein kurzes «La Cucaracha» eine Nachricht an.
«Was war denn das?», wollte sein Freund wissen. «Habe ich dich grade beim Fremdgehen erwischt? Wolltest du vielleicht Zeugen? Bist du bekloppt, oder weißt du nicht mehr, dass du verheiratet bist?»
Für Bert stellte die junge Dame im Afri-Cola-Look das dunkle Weizen ab, Paul hatte ein Pils und einen Whiskey bestellt. Letzteren vernichtete er sogleich in einem Zug, in der Hoffnung, der Wirklichkeit und dem Rausch einen Schritt näher zu kommen.
«Du, ich brauche heute Unterstützung und kein dummes Gerede. Ich war mit Susi bei meinem Vater, Geburtstagsgrüße überbringen ...»
«Oh, verstehe. Harter Tag. Übrigens, Grüße auch vom Chef!» Bert nannte seinen Vater in Gegenwart von Freunden immer nur den Chef. Horst Höfler war Besitzer der gleichnamigen Metzgerei in der Frauentorstraße. Dessen Sohn Bert und auch Paul hatten dort gelernt und gearbeitet, bis Paul aus heiterem Himmel gekündigt hatte. Das war vor gerade Mal zwei Wochen gewesen, mit dem übrigen Urlaub hatte Paul recht schnell das Weite gesucht.
«Oh, wollte er mal wieder, dass ich 's mir vielleicht doch anders überlege?»
«Du kennst ihn ja ... Aber erzähl: Harter Tag?»
«Du ahnst nicht, wie hart. Es gab fürchterlichen Streit. Schließlich

ist Susi alleine nach Hause gefahren, nachdem sie sich ein Wortge-
fecht nach dem andern geliefert hatten. Die beiden haben wirklich
nichts ausgelassen.»

«Oh. Komm, ich spendiere dir noch einen Whiskey. Das muss die
Hölle gewesen sein.»

«Heute hat er es auf die Spitze getrieben. Er war sozusagen die Teewurst der Arschlöcher!»

Beide lachten kurz und bemüht auf.

«Weißt du, ich saß immer zwischen den Stühlen, habe – Zigarette? –
immer versucht zu vermitteln, aber das sehen die beiden nicht.»

Während Bert für seinen Freund einen weiteren Whiskey bestellte,
konnte Paul nun endlich einmal durchatmen, die Zigarette wie ein
besonderes Körpermerkmal wieder an der Unterlippe.

Langsam ging die Sonne unter und das künstliche Licht im Inneren
verwandelte die Fenster in Spiegel. Paul atmete die dicke Luft tief in
seine Lungen und es fühlte sich an, als schnüre ihm etwas die Kehle
zu. Auch der Alkohol konnte nicht wirklich etwas gegen das Gewicht
auf seiner Brust ausrichten. Und obwohl er liebend gerne einfach immer weiter getrunken hätte, wusste er, dass sich seine Lage dadurch
nur wenig besserte.

«Jetzt sag aber mal: Das Theater mit deinem Alten kennst du doch
schon, warum regt es dich überhaupt noch auf?», war der nächste Satz,
den Paul wieder hörte. Der Schaum des dunklen Bieres klebte an Berts
Dreitagebart. Erst als er sich mit der bloßen Hand über das Gesicht fuhr,
verschwand der Bierrückstand endgültig im Polster der Sitzbank.

«Ich weiß auch nicht. Momentan geht es mir einfach an die Nieren.
Weißt du, der Job hat mich einfach nicht glücklich gemacht, deshalb
hab ich ihn geschmissen. Freunde, die nicht wirklich Freunde waren,
wie Holger oder Daniel, habe ich auch gekickt. Und was meinen Vater anbelangt, bin ich ebenso unglücklich.»

«Und du willst auch ihn schmeißen, aus dem Fenster», scherzte
Bert.

«Quatsch, der wohnt doch Parterre, da bricht er sich nicht mal was!
Nein, ich meine nur: Ich sehe hier keine Lösung! Es gibt nichts, was

ich tun kann. Er ist wie ein Schatten, der immer da ist, egal, wie sehr ich mich auch anstrenge, ihn zu vertreiben.»

«Glaub mir, Paul, es findet sich immer eine Lösung ... Du rauchst in der letzten Zeit recht viel, kann das sein?»

Diese Feststellung führte unweigerlich zu einem bemitleidenswerten Bekenntnis zur Sucht. Seinen wenigen, noch verbliebenen Freunden gestand Paul nur allzu gerne seine Schwächen. Wie eine Reinigung erschien es ihm, erwartete er doch am Ende die Absolution.

«Das Rauchen, es ist eine Sucht. Jeder, der lesen kann, weiß es. Und immer wenn es mir bewusst wird, dass ich selber süchtig bin, zünde ich mir eine an. Bewundernd denke ich an die Dame von neulich im Supermarkt zurück. Die sagte, sie würde nur eine bestimmte Marke rauchen, denn nur diese eine Marke würde ihr schmecken. Ich hingegen rauche alles. Da bin ich nicht zimperlich. Es geht mir auch nicht so sehr um das Rauchen an sich, sondern viel mehr um das Beschäftigtsein, darum, einfach etwas in der Hand zu halten. Und wenn ich meiner Susi eine Zigarette anzünde, oder auch umgekehrt, dann ist es etwas wärmer zwischen uns. Nicht mehr so kalt. Außerdem haben wir dann etwas zum Reden, zum Beispiel: ‚Warte, ich hab Feuer.‘ oder ‚Wie viele waren es denn schon?‘ Dumme Fragen, wirklich dumm. Aber so ist es nun mal.»

Nach einem tiefen Schluck aus seinem Glas sah er wieder auf und wartete auf den Freispruch seines Freundes. Doch dieser hob die Hand und bedeutete der Bedienung, ein weiteres Bier zu bringen. In stummer Übereinkunft saßen sich die beiden gegenüber. Die Stunden verflogen und als Berts Augen bereits glasig wurden, versuchte Paul für einen Augenblick, sich darin erkennen zu können. Aber er sah nur das Funkeln, die Reflexionen der schummrigen Barbeleuchtung.

Die Bedienung sammelte die leeren Gläser ein und verschwand wieder in der Menge. Paul fühlte plötzlich, trotz der lauten 8oer-Jahre-Musik – es klang nach Kim Wilde – und der vielen Stimmen um ihn herum, eine Stille. Wieder sah er sein Gegenüber an. Waren es die vier Whiskys oder eine drohende Erkenntnis, er war sich nicht sicher. Aber er fühlte auf einmal, dass sie nichts gemein hatten. Er saß mit einem Mann in einer Bar, der von seinem Vater geliebt wurde. Jemand, der tun und lassen konnte, was er wollte, der sein Single-Dasein genoss. Was wusste Bert schon von seinen Problemen?

Er stand auf und verabschiedete sich flüchtig. An der Bar bezahlte er, verrechnete sich und spendierte rund fünfzehn Euro Trinkgeld. Draußen überraschte ihn die nächtliche Kühle. Er überquerte die Straße und setzte sich auf die Bank der Straßenbahnhaltestelle, wo er heute schon einmal gesessen hatte ... mit ihr!

Die rot flimmernde Anzeige erzählte etwas vom Ferienfahrplan und von vier Minuten. Seine Gedanken kreisten um den heutigen Tag. Wie merkwürdig sich manchmal die Dinge doch entwickelten.

Und noch während seine Gedanken, getrieben und gehindert vom Alkohol und den Zigaretten immer seltsamere Formen annahmen, beschloss Paul, etwas in seinem Leben zu ändern. Morgen würde er dieses Mädchen anrufen.

Wenige Tage später klingelte in Pauls Wohnung das Telefon. Die Stimme am anderen Ende rief verschüttete Erinnerungen wach, eine Stimme, die er kannte, aber gerade nicht zuordnen konnte.

«Paul Winter?»

«Ja. Wer spricht?»

«Hufnagel mein Name, ich bin der Nachbar Ihres werten Vaters, Werner Winter.»

«Aha, ist mein Vater nicht mehr in der Lage, selber anzurufen? Er ist doch sonst nicht so sensibel.»

«Herr Winter, Ihr Vater ist verstorben. Ich habe ihn heute Vormittag in seinem Sessel tot aufgefunden.» Rauschen. Die analoge Verbindung war nicht optimal. Bald würde dies ein Ende haben, dachte Paul, bald würden sie ISDN haben. Das Plastik des Telefons fühlte sich mit einem Mal so unwirklich an, als pulsiere es im Takt des Rauschens. Der Hörer hatte mit einem Mal all seine Form verloren, nur die kalte Stimme blieb: «Herr Winter?»

«Was? Ja. Ja, danke, Herr, äh, Hufnagel. Ich habe verstanden. Danke.» Paul legte den Hörer zurück auf die Ladestation. Das leise Piepsen bestätigte, dass sich die Kontakte der beiden elektronischen Geräte berührten und der Akku aufgeladen wurde. Die hellgrauen Knöpfe standen steif und stumm aus dem dunkelgrauen, leicht aufgerauten Plastik hervor. Einfache Bedienung und es lag gut in der Hand. Ein Designer hatte sich mit diesem Gerät wohl eine goldene Nase verdient, überlegte Paul und hasste sich dafür, in diesem Moment solch abwegige Gedanken zu haben. Seine Gedanken drehten sich im Kreis, selbst als das Telefon an der Wand in eine Computerplatine, ein LCD-Display, die Gummimatte mit den Knöpfen und in viele Hartplastiksplitter zerbarst.

Draußen im Garten verstummten die Geräusche, die Paul nicht gehört hatte.

Dann Schritte. Susi kam durch die Wohnzimmertüre, die direkt in den kleinen, sechs mal sechs Meter großen Garten mit dem mickrigen Apfelbaum, der aufgrund der Nordwestseite einfach nicht wachsen wollte, führte, und suchte die Ursache des lauten Knalls.

«Paul! Was ist los?» Mit geblähten Nüstern steckte sie ihren Kopf suchend in den Flur. «Willst du mich unbedingt auf die Palme bringen, oder was?» Sie stellte sich neben ihn und blickte auf den niedergegangenen Plastikregen.

«Sag mal, hast du sie noch alle? Was ist denn in dich gefahren? Haben wir im Lotto gewonnen, oder warum zerdepperst du das Telefon? Du hast wohl 'nen Vollschatten, hä? Weißt du, wie viel das Scheißding gekostet hat?», zischte sie, bemüht, für die geladenen Gäste den Schein einer perfekten Ehe aufrecht zu erhalten.

«Mein Vater ist tot.» Pauls Stimme war nur ein lautloses Flüstern.

Susi brauchte einige Zeit, bis sie begriff, was ihr Mann gesagt hatte. In ihrem Gesicht mischten sich zunächst Freude, gespielte Trauer und Mitleid mit ihrem Mann. Das dominierende Gefühl war jedoch Wut. Eine Wut, der sie nichts entgegenzusetzen hatte.

«Heute?», schnaubte sie.

Paul nickte.

«Das gibt's doch nicht! Nicht an meinem Hochzeitstag! Das kann doch wirklich nicht wahr sein!»

Kapitel 2

Sie nahm ihn bei der Hand und führte ihn in die Küche, fort von den Gästen. Er folgte ihr wortlos. Dort bugsierte sie ihn auf einen Stuhl und setzte sich daneben. Schweigend streichelte sie ihm etwas hilflos über den kalten Handrücken. Währenddessen wanderte ihr Blick in der Küche umher, nach einem Punkt suchend, der ihr Halt geben könnte.

Eine weiße Küche, modern und chic, so wie sie es damals wollte. Zum Einzug in die gemeinsame Wohnung gehörte eine neue Küche, das hatte sie Paul unmissverständlich klar gemacht. Die hellgraue Arbeitsplatte, die Fliesen im gleichen Ton und die Schränke entweder verspiegelt oder aus Glas, damit Gäste das gute Geschirr ihrer Oma gut sehen konnten, auch wenn sie an der Küche nur vorbeigingen.

Mittlerweile mochte sie die Küche nicht mehr. Sie machte viel Arbeit beim Putzen und wirkte unpersönlich, trotz der vielen kleinen Dinge, die sie überall verteilt hatte. Die musste man zudem auch noch putzen!

Da waren zum Beispiel die beiden Miniaturpferde aus Glas. Sie hatten sie aus dem Bayerischen Wald mitgebracht. Oder die kleine Karaffe, die sie bei WMF gekauft hatte ...

Die Gäste warteten jetzt wohl schon auf sie. Es würde wohl nicht mehr lange dauern und Bernd oder Eddie würden nach ihr schauen. Das wollte sie verhindern.

Paul glotzte apathisch durch sie hindurch, seine Hände waren kühl und ruhig. Sie suchte nach einem Weg, wie sie ihn schnell zurück in die Normalität holen konnte, damit die anderen nichts merkten.

«Wo ist denn das Handy?», wollte er wissen.

«Warum?»

«Ich muss den Hufnagel zurückrufen, den Nachbarn meines Vaters. Du weißt schon, dieser fette Typ, der mich damals wegen meinem Wintermantel so blöd angelabert hat. So 'n fetter Kerl mit Vollbart, ziemlich eklig.»

«Ach der, ja. Aber warum?»

«Weil ich keinen blassen Schimmer habe, wie man seinen Vater beerdigt! Darum! Wer wird das organisieren, wer muss bezahlen und so.»

«Ist gut, aber mach nicht so lange, die anderen warten doch.» Paul machte ein Gesicht, als hätte sich seine Frau urplötzlich in einen Stahlbolzen verwandelt.

«Was? Ich kann doch da nicht einfach rausgehen und so tun, als sei nichts passiert! Mein Vater ist gestorben!»

«Ja und? Der Arsch hat sich dazu unseren Hochzeitstag ausgesucht! Es kann ruhig jeder sehen, dass wir froh sind, dass es ihn endlich erwischt hat», patzte sie zutiefst beleidigt zurück.

Für einen Augenblick hielt sie die Luft an, als warte sie Pauls Reaktion auf ihre Worte ab. Doch die Antwort blieb aus. Seine Augen folgten eine Weile dem Sekundenzeiger der blauweißen Küchenuhr.

Paul fühlte sich wie das Ticken. Jede Sekunde trieb ihn die kleine Unruh etwas weiter weg und doch kam er immer wieder am gleichen Punkt an.

«Ach, mach doch was du willst!» Sie ließ seine Hand los und verließ die Küche. «Das Handy ist im Wohnzimmer.»

Wenige Augenblicke später hob die bedrückend leichte Unterhaltung im Garten wieder an. Pauls Blick fiel auf die Augsburger Allgemeine, die sie zwar zum Einzug in diese Wohnung abonniert hatten, aber nur selten lasen: 19. August. Ziellos blätterte er darin und überlas einige Überschriften, ohne den Sinn dahinter zu verstehen. Bei den Todesanzeigen hielt er kurz inne. Bald würde sein Vater auch dort stehen, zwischen all den anderen. Er sah das graue Papier, die Druckerschwärze und die grob gerasterten Bilder. Ob sich sein eigenes Leben auch in Tausende von Punkten zerlegen ließ? Und jeder dieser Punkte war entweder schwarz oder weiß, richtig oder falsch. Ganz einfach. Und erst gemeinsam ergaben sie ein Bild, das Grautöne hervorbrachte.

Die freudige Unterhaltung im Garten schlug ihm aufs Gemüt, trieb ihn förmlich aus der Wohnung. Er erhob sich, strich sich kurz über sein verknittertes, bügelfreies Hemd und ging in den Garten. Mit einem knappen ,Hallo' begrüßte er die Gäste, Wolfgang, Eddie und die Damen von Susis Kaffeekränzchen, Margarete, Gudrun, Kerstin und Emilia, kurz Emi. Dann rauschte er an ihnen vorbei. Susi reichte den Teller mit den zwei Stücken Trockenkuchen in die Leere und noch bevor ihr Lächeln dem Kuchen folgte, knallte auch schon die Autotüre.

Die kurze, übertrieben fassungslose Stille, endete mit Starten des Motors und den Empörungen der weiblichen Gäste.

«Also, ich finde das ja …»

«Ja, wirklich, wie kann er nur!»

«Also Susi, du hast wirklich etwas Besseres verdient als ihn.»

«Das kann doch nicht wahr sein!»

«Ich glaub's nicht!»

Susi hörte die vielen Stimmen und spürte den wachsenden Groll gegen ihren Mann. Ja, verdammt, es war ihr fünfter Hochzeitstag! Es war ihr Tag und nicht der blöde Todestag des alten Sacks! Warum machte er überhaupt solch ein Aufhebens um seinen Vater? Und das Telefon, was das gekostet hatte!

«Was ist denn los?» Wolfgang, Susis Chef, reichte ihr das nachgefüllte Glas und lehnte sich an den Gartenstuhl.

«Sein Vater ist gestorben,» sagte sie und ertränkte die letzten Silben in einem Grappa.

«Shit! Beileid. Aber das war doch der alte Grantler, oder? Du hast doch im Büro immer die Geschichten über ihn erzählt.»

«Ich hasse ihn. Und jetzt noch viel mehr! Er stirbt an meinem Hochzeitstag! Das gehört doch in die versteckte Kamera!»

«Scheißkerl», mischte sich Eddie ein. Eddie war Besitzer eines Fitness-Studios, vielmehr eines Wellness-Centers für körperliches und seelisches Wohlbefinden, wie er es gerne nannte.

«Wer? Paul oder sein Vater?»

«Wen du willst», grinste er verlegen. Eddie sprach, obwohl von hochprozentig oberbayerischer Herkunft, mit einem schlecht gespielten italienischen Akzent.

Susi stellte das Glas auf den Gartentisch und rieb sich die Hände, als wollte sie sich von Schmutz befreien, der an ihr haftete. Ein resigniertes Lächeln, dann schüttelte sie leicht den Kopf: «Beide … alle beide … die komplette, verdammte Familie!» Und noch bevor die Tränen flossen, rannte sie zurück in die Wohnung.

Die Gesellschaft blieb etwas betreten zurück. Das Stimmengewirr der Damen ebbte für einen Moment ab. Einen kurzen Moment.

Inzwischen stand Paul im Flur von Alfons Hufnagel. Es war der gleiche Typ Reihenhaus, in dem auch sein Vater gewohnt hatte, nur mit einem anderen Menschen darin. Die Grundstücke trennte ein kümmerliches Gewächs von Hecke, das allem Anschein nach weder von Hufnagel noch von Werner Winter Pflege erfahren hatte. Paul konnte nicht einmal mit Sicherheit sagen, ob die Tapeten im Flur unterschiedlich waren, und ihm war, als hätte er das ein oder andere Foto an den Wänden schon einmal gesehen. Die Kommode war allerdings heller als die seines Vaters.

Der Alte deutete den Blick seines Besuchers falsch, als er dachte, Paul würde sich für das Bild über dem Möbel interessieren.

«War ein feiner Kerl, der Herr Vater, ja, ja», brummte Hufnagel, als er mit seinen haarigen Pranken in den Schubladen der Kommode wühlte. «Hier müssen sie irgendwo sein. Er hat sie mir vor ein paar Jahren gegeben, für den Fall, dass, Sie verstehen? Ja, ja, ein feiner Kerl. Damals», er deutete auf das Bild über der Kommode, «waren wir gemeinsam auf Kloster Andechs. Haben ein Wahnsinnsbier da! Ihr werter Herr Vater war an dem Tag so – Ah, hier ist es!» Er hielt ein dickes Päckchen in die Höhe, schob die Lade mit dem Hintern wieder zu und reichte es Paul.

Es sah seinem Vater ähnlich, seinen letzten Willen in einer alten Schachtel für Zigarettenhülsen zu verwahren.

«Hier! Das ist alles, was er mir damals gegeben hat. Versicherungskram, letzter Wille, etc.. Ja, ja, Ihr Vater hat für alles vorgesorgt!»

«Schön.» Paul brauchte einen Moment, ehe er den Mut fand und die passenden Worte: «Herr Hufnagel, könnten Sie vielleicht die Vorbereitungen für die Beisetzung meines Vaters übernehmen? Ich kann das nicht.»

«Aber gerne. Für Werner, das alte Schlitzohr, mache ich das doch gerne! Beim Skat habe ich ihn des Öfteren unter die Erde gewünscht! War ein klasse Spieler … Vor ein paar Jahren gab es ein Skatturnier in Untermeitingen. Werner hat denen die Hosen ausgezogen, einen

Stich nach dem anderen hat er sich geholt. Ein Teufelskerl, so wahr ich Hufnagel heiße!»

«Schon gut, ich glaube Ihnen, Herr Hufnagel. Vielen Dank für Ihre Hilfe, und wenn etwas ist, rufen Sie mich an, okay?»

«Selbstverständlich.»

Paul war froh, endlich dem vertraut fremden Flur zu entfliehen. Er ging hinüber zum Haus seines Vaters. Über den kleinen ungepflegten Weg zur Türe. Dieses Mal keine Klingel. Kein Gekreisch. Mit Hufnagels Schlüssel sperrte er die Tür auf und betrat die Wohnung des alten Tyrannen.

Sein Gestank lag noch immer schwer in der Luft.

Er ging ins Wohnzimmer, zog die Rollläden hoch und öffnete Fenster und Türe. Dann setzte er sich auf die Couch und legte die Hinterlassenschaft seines Vaters vor sich auf den Tisch.

Er fuhr sich über das für den Hochzeitstag frisch rasierte Gesicht, kratzte sich und öffnete die Schachtel, die so untrennbar mit seiner Kindheit und dem dazugehörigen Bild seines Vaters verbunden war. Immer hatte diese Schachtel auf dem Esstisch gestanden, und nach dem Essen hatte sich Werner Winter drei Zigaretten gedreht und genossen. Neben unsauber gefalteten Versicherungsdokumenten befand sich in der Schachtel ein Brief. Auf hellblauem, kräftigem Papier stand Paul, ganz offensichtlich getippt auf einer alten Schreibmaschine. «Das hat schon Talkshowqualität», murmelte er.

Paul überflog den letzten Willen seines Vaters. Wie er es erwartet hatte, erbte er alleine, war er doch der Einzige aus der Familie, zu dem sein Vater noch so etwas wie Kontakt gehabt hatte. Noch aus Kinderzeiten wusste er, wo sein Vater die Sparbücher aufhob. Sie befanden sich in einer silbernen Metallbüchse, auf dessen Deckel ein kitschiges Foto von einem Weihnachtsbaum klebte. Zweimal Sparkasse und einmal Augusta Bank. Es verschlug ihm die Sprache, als er die Beträge in den Sparbüchern sah. Das Erste las sich ja noch relativ human, aber die beiden Bücher der Sparkasse wiesen stattliche Summen auf.

«Das ist ’ne Menge Holz, leck mich am Arsch!» Paul steckte die Sparbücher in seine Gesäßtasche. Der Rest interessierte ihn nicht besonders. Er schlenderte noch etwas durch die Wohnung und warf ab und zu einen Blick in Schränke und Schubladen. Aber entgegen seinen Vermutungen aus Kinderzeiten gab es nichts zu entdecken, keine Geheimnisse zu lüften.

In der Küche waren bereits Tränen über die Wangen gelaufen; eine tropfte nun auf die marmorierte Arbeitsfläche. Paul griff nach dem Nudelholz. Es stand zusammen mit einigen Löffeln aus dem gleichen Holz in einem Keramiktopf – die untere Hälfte braun, die obere beige –, der eigentlich für Zwiebeln gedacht war. Er hielt es mit beiden Händen. Seine Muskeln spannten sich. Er raffte sich nochmal auf und warf mit dem Nudelholz die Glastür eines Hängeschranks ein, wobei die Splitter ihm in die Hände schnitten.

Dann schlug er mit den bloßen Fäusten auf die Schränke und auf die Arbeitsplatte, schmiss Löffel und Gewürze zu Boden und sank schließlich weinend zusammen, inmitten von weißem Pfeffer, Kümmel und Muskat.

«Ich werde nicht um dich weinen, du verdammtes Arschloch! Keine Tränen für dich! Du verdammtes Arschloch! Du Wichser! Du verdammter Hurenbock! Ich hasse dich!»

Doch da war es schon zu spät, und im Nachhinein tat es ihm nicht einmal Leid, Tränen für seinen Vater vergossen zu haben. Er hatte sich nach wenigen Minuten wieder gefangen und ging ins Gästebad, Spuren verwischen. Nachdem er die Schnittwunden gewaschen und mit einem kleinen Handtuch notdürftig verarztet hatte, suchte er Pflaster.

Als er mit medizinisch ausreichend versorgten Fingern das Handtuch gerade wieder auf die Stange hängte, die blutigen Flecken nach innen, klingelte das Telefon. Das alte Ding schepperte auf der altersschwachen Kommode, genau unter dem Bild seiner Mutter.

«Hallo?»

«Paul, bist du es?»

«Natürlich bin ich es! Wer soll es denn sonst sein? Mein Vater ist schließlich tot und das ist mitunter hinderlich beim Ans-Telefon-Gehen, hab ich mir sagen lassen!» Rhetorische Fragen brachten Paul wie ein rohes Ei in der Mikrowelle in weniger als drei Sekunden von null auf hundertachtzig. Und die Sauerei, die er dann hinterließ, wollte keiner wegmachen.

«Blödmann! Unsere Party ist dann wohl zu Ende, oder? Soll ich die Gäste nach Hause schicken?»

«Ist mir egal. Sind doch sowieso alles deine Gäste.»

«Du bist mir eine tolle Hilfe. Alles in unserem Leben muss ich entscheiden.»

«Du hast mir doch noch nie die Möglichkeit gegeben, wirklich eine eigene Meinung zu haben! Und jetzt lass mich, ich muss noch einiges erledigen! Warum hast du eigentlich nicht auf dem Handy angerufen?»

«Hab ich doch, aber du bist ja nicht rangegangen ... Wahrscheinlich hast du meine Nummer gesehen und dir was weiß ich was gedacht!»

«Jetzt komm schon ... Es wird im Auto liegen.»

«Apropos Auto. Ich habe heute Abend Training. Da brauche ich das Auto!»

«Warum? Eddie ist doch da. Er kann dich doch wohl mitnehmen, oder nicht?»

«Du bist so ...»

«Ja, so bin ich! Und jetzt tschüs!» Genervt schmiss Paul den Hörer auf die Gabel. Insgeheim hoffte er, Susi hätte den Krach noch gehört. Doch schon im nächsten Moment schämte er sich, nur heimlich daran gedacht zu haben.

Warum er zum Auto ging und das Handy holte, wusste er selber nicht. Aber immerhin waren in der kurzen Zeit drei SMS und vier Anrufe eingegangen. Alle von Susi. Manchmal bewunderte er sie dafür, wie schnell sie die gängigen Schimpfworte in ihr Handy tippte. Und das mit den langen Fingernägeln.

Er löschte eine Nachricht nach der anderen und stieß plötzlich auf die Kurzmitteilung des Mädchens von der Straßenbahnhaltestelle. Ihre Nummer und dazu ein ‚:-* Constanze'. Per Knopfdruck auf den Schlüssel aktivierte er die Zentralverriegelung des Autos und ging dann zurück in die Wohnung.

Im Kühlschrank fand er noch ein Bier, schnappte es sich und öffnete es an der Arbeitsplatte. Zwar war es ein Hasenbräu, aber auch das konnte Paul heute nicht mehr aus der Fassung bringen. 'Bunnypiss – Hasen taugen zum Essen, nicht zum Trinken', sagte er immer, wenn er dieses schale Bier ohne Geschmack sah. Der Kronkorken landete in der Unordnung am Boden und Paul selbst kurz darauf auf dem Sofa.

«Alles Gute zum Hochzeitstag!», sagte er zu sich, prostete seinem Spiegelbild im ausgeschalteten Fernseher zu und machte es sich auf dem muffigen Sitzmöbel bequem, das unter seiner Last Besorgnis erregend ächzte. Er legte die Füße mitsamt seinen dreckigen Schuhen auf den Glastisch, zog sein Handy heraus und wählte Constanzes Nummer.

«Hey Cowboy!», tönte es am anderen Ende der Leitung. Im Hintergrund hörte man irgendwas poppig Sakrales, so ähnlich wie Enigma und einige Stimmen, die sich unterhielten.

«Constanze?»

«Ja, Cowboy. Hab schon nicht mehr mit dir gerechnet. Na, was geht?»

«Mein Vater ist gestorben.» Er hatte es noch nicht ganz ausgesprochen, da hätte Paul sich am liebsten auf die Zunge gebissen. Er hatte es versaut.

«Oh, das tut mir Leid. Aber ich bin niemand zum Ausheulen. Nicht mein Ding, Du verstehst, oder?»

«Hey, sorry, ich weiß auch nicht, was mit mir los ist. Eigentlich wollte ich fragen, ob wir uns mal treffen können?»

«Kommt Bert auch?»

«Was? Wieso?»

Sie kicherte am anderen Ende. «War nur ein Scherz. Ich kann mir Details gut merken. Und dein Freund, der dich an der Haltestelle abgeholt hat, heißt Bert, richtig?»

«Nein.»

«Was?»

«Bert kommt nicht!» Paul verstand dieses Mädchen nicht. Vielleicht war er einfach zu langsam. Wieder lachte sie.

«Du bist lustig! Wann willst du denn?»

«Keine Ahnung. Vielleicht mal was trinken gehen oder so. Wann hast du Zeit?» Sie stöhnte übertrieben in ihr Handy. Paul dachte, er könne ihren Atem und die Abweisung dieses Seufzers förmlich an seiner Wange spüren.

«Hör zu, Paul. Ich muss arbeiten. Du sagst mir, wann du mich sehen willst und wo. Wenn du mich sehen willst, dann sag es mir. Ansonsten vergiss es!»

Es klackte kurz, dann war die Verbindung unterbrochen. Paul war alles, was Männer in einer solchen Situation sein können: sprachlos. Für einen Moment starrte er das Handy an, dann tauschte er es wieder gegen sein Bier. In seinem Hinterkopf kicherte Constanze wieder und flüsterte ihm mit spitzen Lippen zu: «Du musst dir wohl erst Mut ansaufen, oder? Dann brauchst du aber etwas mehr als nur das eine Bier!» Er fühlte sich zurückgesetzt, aber auf der anderen Seite faszinierte ihn dieses Mädchen. Ihre Art war es. Sie wusste, was sie wollte, war selbstsicher und verdammt heiß.

«Geiles Miststück!» Genau, das traf es auf den Punkt, dachte er sich und leerte die Flasche. Als er sie im freien Fall abstellte, fiel sein Blick auf die Uhr.

Um nach Hause zu fahren war es noch viel zu früh. Susi war noch da! Also holte er sich in der Küche ein weiteres Bier. Leider war es nicht gekühlt. Bier aus dem Kasten unter der Arbeitsplatte, verdeckt von einem beige-braunen Vorhang. Doch selbst diese Karnickelbrühe war im Moment besser als seine Frau, sein Hochzeitstag, sein Leben.

Grinsend kam ihm die Idee, die Wohnung systematisch zu durchsuchen. Er würde auf Schatzsuche gehen und die letzten Geheimnisse seines Vaters lüften. Nein, nicht mehr so oberflächlich, diesmal wollte er alles auf den Kopf stellen! Aber erst, nachdem er getrunken hatte. Die Menge ließ er dabei offen.

«Paul ist echt ein Arsch! Tut mir Leid, dass er so abgehauen ist. Ich weiß auch nicht, was er hat.» Susi verabschiedete noch ihre schnatternde Clique an der Haustür, als Eddie in seinem knallgelben Smart mit dem Logo seines Fitness-Studios bereits auf sie wartete. Wolfgang war schon früher gegangen, war dem Ruf der Arbeit gefolgt, genauer gesagt dem Anruf eines Mitarbeiters. Sie hatte niemandem vom Tod ihres Schwiegervaters erzählt. Irgendwie war es ihr peinlich.

«Grüße an Paul brauchst du nicht auszurichten.»

«Genau, du hast wirklich etwas Besseres verdient.»

«Schau dir doch Eddie an, der ist eine gute Partie!», schallte es aus den bunt angemalten oder ‚gelipglossten' Mündern.

Susi konnte es langsam nicht mehr hören. Einerseits musste sie ihren Freundinnen Recht geben, auf der anderen Seite liebte sie Paul noch immer. Das machte sie wahnsinnig.

«Wann kommst du, Bella? Wir müssen los!», ließ Eddie den oberbayerischen Toskana-Hengst aus dem Wagenfenster erschallen.

«Ich brauch noch meine Tasche – eine Minute!» Das gezischte «Stupida!» hörte sie nicht. Schließlich war alles erledigt und gemeinsam fuhren sie ins Well- und Fitness-Center. «... wo wir auch die Seele trainieren», wie Eddie bei jeder Gelegenheit zum Besten gab.

Aus dem CD-Player tönten italienische Klassiker von Zucchero und Gianna Nannini, die Susi mit dem Italienurlaub als Kleinkind und vollgekotzten Rückbänken in Verbindung brachte. «Bella, heute ist gemischte Sauna. Vielleicht hast du Lust, mich zu begleiten?»

«Mal schauen. Ich muss erst mal meine Kurse machen. Wenn ich da so richtig ins Schwitzen komme, dann besuche ich dich vielleicht!»

«Ich nehme dich beim Wort», grinste er schelmisch, dabei sprach er mit einem italienischen Akzent, den der Mann aus der beinahe vergessenen ‚Isch-abe-gar-kein-Auto-Signorina!'-Werbung nicht besser hinbekommen hätte.

«Sag mal, Eddie, warum bist du nicht verheiratet?»

«Weil ich gehöre allen Frauen», lächelte er breit.

«Komm, hör auf. Ich meine es ernst.» Er drehte das Radio leiser und schien zu überlegen. An der Ampel vor St. Thaddäus ordnete er sich links ein, dann sah er zu Susi hinüber. «Ich finde nicht die Richtige. Oder die Richtige findet mich nicht. Keine Ahnung. Ich will eine Frau, die die Lust am Sport mit mir teilt, aber auch gut kochen kann und eine tolle Mama ist. Und außerdem soll sie eine geile Stute im Bett sein», wieder grinste er breit.

«Hm, was für eine Frau wünscht sich wohl ein Metzger?»

«Eine Frau, die auf grobe Mettwurst steht!», lachte Eddie laut los, und dieses Mal hatte er sogar seinen Akzent vergessen.

«Ich verstehe ihn einfach nicht mehr», sagte Susi, übertönt vom Motorengeräusch und Gianna Nannini.

Er hatte zunächst vorsichtig über das Furnier gestrichen, den metallenen Knauf berührt und sogleich das beklemmende Gefühl aus seiner Kindheit, die drohende Nähe seines Vaters, gespürt. Dann hatte er die Tür geöffnet und noch während diese quietschend nach außen schwang, fielen Berge von Erinnerungen, Unterlagen und gesammelten Briefen, Tagebüchern und Fotos über ihn her, als wären sie froh über die wiedergewonnene Freiheit. Er hatte Mühe, all die Bilder richtig zuzuordnen, aber auf der Rückseite der meisten Fotos war zumindest das Jahr und der Monat der Entwicklung angegeben. Zusammen mit einigen Daten aus verschiedenen Kalendern und Tagebüchern – der alte Mann hatte doch tatsächlich Tagebuch geführt! – war er imstande, seinen Vater auf den Bildern zu identifizieren. Fotos seines Soldatendaseins, Hochzeitsfotos, Fotos von ihm als Kind.

Paul saß fest. Er hatte sich vorgenommen, das ganze Haus auf den Kopf zu stellen, aber schon im Flur hatte er sich in alten Erinnerungen unrettbar verfangen. Er kniete auf dem alten Teppich, einen Stapel vergilbter Karten, Blätter, Fotos und Bücher im Schoß, während er dem kleinen Schrank auch die letzten Geheimnisse zu entreißen versuchte. Er konnte sich nicht daran erinnern, dass dieser Schrank jemals geöffnet worden war.

Er stieß auf einen Satz in einem Tagebuch, geschrieben am Tag nach der Hochzeit seiner Eltern:

Soll ich Marie sagen, dass ich sie schon einmal betrogen habe? Egal, ob ich es ihr sage oder nicht, es wird Ärger geben. Aber ich denke, ich werde mich für die stille Variante entscheiden. Das wäre dann also die erste Lüge in unserer Ehe. Klar, es werden sicherlich einige werden, aber müssen wir damit so früh anfangen? Das Problem mit den Lügen ist doch vielmehr, dass egal ist, wie der Partner sie aufnimmt. Du bist immer der Verlierer. Nimmt sie dir die Lügen ab, verlierst du ein Stück Respekt vor ihr, möchtest sie anschreien und sagen: Siehst du denn die Zeichen nicht? Glaubt sie dir nicht und erkennt die Lüge, ist die Partnerschaft ebenfalls Geschichte …

Paul fühlte sich im Namen seiner Mutter betrogen. Sein Vater hatte es ihr anscheinend nie gebeichtet! Bei diesem Satz fiel ihm wieder ein, dass heute eigentlich sein eigener Hochzeitstag war, sein fünfter sogar. Sollte man diesen Feiertag nicht bei seiner Liebsten verbringen? Vielleicht schick essen gehen, danach die lange Variante der schönsten Nebensache der Welt – Fußball und Bier mal ausgenommen – und wirklich versuchen, ihr beim Vorspiel in die Augen zu sehen und hinterher noch ein paar Minuten zu kuscheln. Er legte die Stirn in Falten und griff nach seinem Bier. Er hatte keine Lust mehr. Sein Schatzsuchertrieb war erloschen. Und so beschloss er, endlich heim zu gehen. Susi war mittlerweile auf jeden Fall beim Training und so würde er die Wohnung für ein paar Stunden für sich alleine haben.

Sollte er Susi von den üppigen Sparbüchern erzählen? Sollte er Constanze noch einmal anrufen? Sollte er in seinem Zustand überhaupt Auto fahren? Und was sollte er heute Abend essen?

Kapitel 3

Die Wohnung war leer. Während sich Susi zu angesagten Beats bewegte, warf Paul den Wohnungsschlüssel auf die Kommode und streckte sich. Das lange Sitzen über den Fotos und Büchern hatte ihn doch mitgenommen. Nun hatte er Hunger und er schlich auf seinen abgewetzten Socken in die Küche. Das Bier hatte ihn in eine seltsame Stimmung versetzt. Er war noch nicht so betrunken, dass seine Stimmung in die eine oder andere Richtung ausschlug, aber er sah bereits alles durch einen Schleier, der ihn von der Wirklichkeit entfremdete.

In der Küche fand sich der letzte Rest des Buffets, was Paul erneut an seinen Hochzeitstag erinnerte. Und dann fiel ihm auch noch ein, dass ja heute Montag war.

Montag bedeutete Sex. Jeden Montag und Donnerstag, also immer wenn Susi vom Training kam, das gleiche Spiel.

Eine vom Gurkensaft weich gewordene Semmel greifend, ließ er sich auf einen Stuhl fallen. Darauf hatte er heute nun wirklich keine Lust: Sex mit Susi. Das klang in seinen Ohren, zumindest in diesem Augenblick, vulgär und unpassend. Vielleicht, so dachte er bei sich, würde sie heute eine Ausnahme machen. Und falls nicht, könnte er sich mit etwas Bier gegen die zu erwarteten Avancen imprägnieren. Noch zwei oder drei Flaschen und nicht nur die Unterwäsche würde zum Liebestöter werden.

Mit einem Seufzer kämpfte Paul sich hoch, schlenderte zum Kühlschrank, um die Abwehrmaßnahmen zu beginnen. Ob es insgesamt Nummer vier oder fünf war, konnte er nicht mehr sagen. Im Vorbeigehen schnappte er sich den Teller Schnittchen und brachte seine Beute ins Wohnzimmer. Dort zappte er sich durch die verschiedenen Programme, blieb erst bei den Nachrichten hängen, dann bei einer Comicserie, die er nicht verstand, und schließlich nickte er, Hunger und Durst gestillt, auf der Couch ein. Es war nicht der durch Alkohol wohl behütete, traumlose Tiefschlaf, sondern ein Dämmern zwischen den Wirklichkeiten. Halb wach und doch unfähig, das Jetzt zu greifen. Der Schleier war zu dicht.

Das Drehen des Schlüssels im Schloss ließ ihn hochfahren. War sie schon zurück? Es schien wohl so. Er war müde. Vielleicht sollte er einfach so tun, als würde er schlafen. Doch da schob sich schon ein kleines Stupsnäschen durch die halb geöffnete Tür.

«Paul? Paul!»

«Es kann doch sein, dass ich einen trinken gegangen bin», meldete sich Paul noch etwas verschlafen von der Couch.

«Ha! Nie im Leben!» Susi verschwand wieder, um die Jacke aufzuhängen. Für Paul brauchte es keine fünf Jahre Ehe, um zu wissen, dass er nun noch eine lange Diskussion führen würde, über den heutigen Tag und alles, was Susi in den letzten Jahren, ja im ganzen Leben über die Leber gelaufen war. Und die Leber musste mittlerweile einer sechsspurigen Autobahn gleichen, mit Standstreifen und Motel, bei so viel Verkehr, wie er dort herrschte.

Der einzige Hoffnungsschimmer war, heute wirklich sexfrei davonzukommen.

Sie kletterte zu ihm aufs Sofa und schlang ihre Arme um seinen Hals, nur etwas im Zaum gehalten von seiner Fahne.

«So, und nun erkläre mir bitte mal, warum du dich wirklich verdrückt hast!» Susis Ton war beinahe versöhnlich. Aber Paul wusste es besser. Es war vielmehr der Ansatz zum Sprung. Gleich würde sie sich mit ihrem ganzen Gewicht in den Kampf werfen ...

Er quälte sich mühsam aus dem Bett. Ein Blick auf die andere Seite verriet ihm, dass es seine Kleine doch nicht auf der Couch ausgehalten hatte. Sie hatte wahrscheinlich noch ferngesehen, bis sie müde wurde. Dann hatte sie sich sicherlich die Wolldecke aus dem kleinen Barschrank genommen und versucht, im Wohnzimmer zu schlafen. Aber das furchtbar laute Ticken des Thermostats und die Straßenlichter, die gelb-golden ins Zimmer schienen, hatten sie wach gehalten. Paul schmunzelte bei dem Gedanken, dass ihm hier die Technik in die Hände gespielt hatte. Wahrscheinlich hatte sie versucht, das Licht und das Klicken zu verdrängen, indem sie sich eines der Zierkissen, später zwei und schließlich alle vier über den Kopf gelegt hatte. Doch Paul wusste aus Erfahrung, dass das nichts half. Widerwillig hatte sie sich schließlich zum friedlich vor sich hindösenden Ehemann gesellt.

Aber sie war trotz des Schlafentzugs heute Morgen pünktlich aufgestanden. Ihren Wecker hatte sie allerdings volle fünf Minuten klingeln lassen. Er hatte es auf seinem Eigenen gesehen, aber sich nicht damit befassen wollen. Also tat er weiterhin so, als schlafe er tief und fest den Schlaf des Gerechten. ‚Wer schläft, sündigt nicht‘, dachte er bei sich, ‚und wer nur so tut, der tut zumindest so, als sündige er nicht.‘

Nachdem die Wohnungstür ins Schloss gefallen und einen kurzen Augenblick später die Garage geöffnet, der Motor gestartet und die Tür wieder geschlossen worden war, wähnte sich Paul in neuerlicher Sicherheit.

Im Schlafanzug setzte er sich an den Frühstückstisch und überflog die heutige Zeitung. Er hasste es, wenn sie jemand vor ihm las. Sie war zerfleddert und die Rubrik ‚Aus aller Welt‘ hatte überall fettige Flecken. Das war wohl ihre kleine Rache. Für ihn stand das auf der gleichen Stufe wie Klopapier beidseitig.

«Was für ein Scheißblatt!», sagte er sich, einen Artikel über einen Augsburger Arzt lesend, der momentan wieder im Verdacht stand, kleine Mädchen belästigt zu haben.. Etwas Marmelade tropfte auf die Werbeanzeige unterhalb.

«Was für eine beschissene Welt!»

Im Bad spukte der gestrige Streit in seinem Kopf herum und fühlte sich an wie ein bleiernes Gewicht und doch flüssig wie Quecksilber, nur dass dieser Streit nicht so flüchtig war, wenngleich ähnlich giftig. Auch er würde sich ablagern, den Geist infizieren und mit all den anderen Streitereien auf den finalen Schlag warten. Beziehungstod durch Streitablagerungen.

Paul starrte in den Spiegel und musste plötzlich grinsen. Es war ein schiefes Grinsen, unrasiert und leicht verkatert.

«Du bist ein Idiot!», hatte sie ihn angeschrien.

«Ach komm, sind wir jetzt wieder auf dieser Ebene angelangt?»

«Glaubst du, mit deinen blöden Machosprüchen könntest du das Niveau aus dem Keller heben?»

«Was soll das heißen?» Paul musste diese Frage eigentlich gar nicht stellen. Er wusste, dass nun die schmerzenden Spitzfindigkeiten über

Aussehen, Karriere, Freunde und dergleichen kommen würden.

«Du tust immer so fein, als wären meine Freunde nicht gut genug für dich! Nur weil du all deine Freunde abserviert hast, gibst du mir das Gefühl, ich müsste mich mit meinen Freunden im dunklen Keller verstecken! Aber ich sage dir mal was! Ich habe darauf keine Lust mehr! Ich verlasse diesen Keller! Ich mache das Licht an und zeige dir, dass du nicht viel besser bist!» Sie hatte sich nun so richtig in Rage geredet, der Kopf glühte Sie liebte es, sich in tragischen Bildern zu ergehen, die locker das Traumschiff an Niveau zu versenken wussten.

«Dein Gesicht an der Kellertreppe und die Kartoffeln kommen geschält hoch», gab Paul zur Antwort. Zugegeben, der Satz hatte nicht gepasst, aber er war neu – Paul hatte ihn aus einem Scherzbuch – und hatte Susi überrascht.

Sie wurde still, verließ einen Augenblick später das Zimmer, kehrte mit ihrem Schmusetier Schwipp-Schwapp, einem alten zerwuselten, grau-braunen Hund mit langen ausgelutschten Schlappohren zurück und warf sich auf die Couch. Das Stofftier hielt sie wie eine Geisel vor ihren Bauch.

«Hau ab! Der Fernseher gehört mir! Ich werde heute Abend hier schlafen! Und jetzt raus!» Sie sprach ganz leise, aber das Gift war deutlich spürbar gewesen.

Er rieb sich die Augen, drehte den Hahn auf und wartete auf warmes Wasser. Der Boiler sprang an und ein leichter Duft von Italienurlaub, sprich Gas, erfüllte den Raum. War er stolz auf das, was er gesagt hatte? Er hatte sie beleidigt, ihr Aussehen kritisiert, sie dort getroffen, wo sie wirklich verletzlich war. Susi war eine Frau, die laut Meinung der Männer alles hatte. Sie war blond, schlank und hatte zudem eine – selbst nach Pauls Maßstäben – gigantische Oberweite. Und die allein war in der Lage, Männern den Kopf zu verdrehen. Paul liebte ihren Busen. Zwei der wenigen Daten, die er sich merken konnte, waren 85D und 157 Zentimeter. Letzteres war ihre Körpergröße und gleichzeitig Susis Achillesferse. Sie fühlte sich zu klein und damit nicht hübsch genug, was die regelmäßigen Besuche im Fitness-Center und die beinahe ebenso häufigen und regelmäßigen Fressattacken erklärte.

Paul verbrannte sich am heißen Wasser beinahe die Hände. Schnell drehte er das kalte Wasser dazu. Mit nassem Gesicht überkam ihn plötzlich die Lust zu duschen. Er schwang sich aus den Shorts, kickte sie ungelenk in Richtung Wäschetonne und stieg in die Wanne. Der Duschvorhang war voller röhrender Elche und alle sahen ihm beim Duschen stumm und genüsslich zu.

Auf der Suche nach frischen Klamotten stolperte er beinahe über sein Handy. Es lag auf dem Boden und musste wohl aus seiner Hosentasche gefallen sein. Ein Anruf in Abwesenheit. Aber der Nummernspeicher zeigte keine Nummer an. Paul dachte in diesem Moment an Lippen, an Constanze. Sollte er sie anrufen?

Eine Hand glitt automatisch unter das Handtuch und begann, seinen Freund zu massieren.

Er grinste breit.

«Das wär doch was, oder? Hey, Constanze! Hast du schon einmal so einen Schwanz gesehen.» Er warf sich aufs Sofa und verschaffte sich Erleichterung. Hinter geschlossenen Augen erfüllte Constanze in Pauls Vorstellung seine erotischen Phantasien, sie rekelte sich vor ihm, spreizte die Beine und tat noch so einiges. Doch gerade im schönsten Moment drängte sich Susi in Pauls Gedankenwelt. Sie blickte ihn sauer und beleidigt an. Von unten herauf, wie ein kleines, bockiges Kind. Der Höhepunkt war gründlich versaut, wie auch die Couch.

Paul zog sich an und überlegte, was er tun sollte. Als er seine Klamotten vom Vortag in die Waschmaschine packen wollte, fielen ihm die Sparbücher aus der Hose halb entgegen. Er nahm sie und versteckte sie zwischen seinen Magazinen hinter dem Bücherregal im Wohnzimmer. Hier befand sich sein kleines Refugium, und immer wenn es die Zeit und die Muße zuließen, besuchte er Gina, Laetitia und all die anderen, oder zumindest deren Geschlechtsteile.

Seit er seinen Job als Metzger hingeschmissen hatte, war das öfter vorgekommen. Die neu erlangte Freiheit entpuppte sich als lähmende, gähnende Langeweile. So viel hatte er vor, so viel wollte er tun, als er noch jeden Morgen Wurst machte und sie in Därme presste. Und jetzt? Er hatte die Zeit, doch plötzlich waren alle Ideen, was er mit ihr anfangen könnte, weit weg und der Tatendrang mit dem fehlenden Chef verschwunden.

Susi war deswegen auch ziemlich gereizt. Schließlich fehlte derzeit ein Gehalt in der Haushaltskasse. Der Urlaub in diesem Jahr würde ausfallen – eigentlich sollte es an den Balaton gehen – und bislang sah es nicht so aus, als würde er sich um einen neuen Job bemühen.

«Muss ich auch nicht!», antwortete er sich selber trotzig und dachte an die Sparbücher seines Vaters. Das Geld würde einige Zeit reichen. Scheinbar hatten ältere Menschen kaum noch Ansprüche, die sich mit Geld bezahlen ließen.

Paul nahm seine Schlüssel vom Brett – Susi hatte sie wie immer aufgeräumt – und schloss die Tür hinter sich. Er wollte spazieren gehen, sich einfach treiben lassen. Er schlenderte gemütlich stadteinwärts, erklomm irgendwann schnaufend den Milchberg bei St. Ulrich und Afra und bog ein in die Prachtstraße seiner geliebten Stadt. Rechts und links reihten sich Geschäfte aneinander, Musikalienhändler, Antiquitäten, Schmuck, Bücher und ein Norma. Dort kaufte er etwas zu trinken und schlenderte weiter, genoss die wärmenden Strahlen der Sonne auf seiner Haut. Es war später Vormittag und die Stadt war bis auf ein paar Touristen beinahe menschenleer. Die Einwohner Augsburgs verließen die Stadt immer zur Sommerzeit, rechtzeitig zum Friedensfest.

Dann gehörte die Stadt den Fremden, den Touristen. Paul setzte sich in ein Café und bestellte einen Eiskaffee. Geblendet von der Sonne, die geschickt hinter dem Sonnenschirm hervorgrinste, genoss Paul die Ruhe. Die Geräusche der Stadt traten in den Hintergrund und er schien mit seinen Gedanken alleine.

Er kehrte wieder zu seinen Fragen zurück. Wie ging es weiter? Constanze anrufen? Susi von den Sparbüchern erzählen? Der Eiskaffee wurde mitten in seine Gedanken gestellt, und für einen kurzen Moment versperrte die dicke Kellnerin die Sonne. Die Sparbücher hatten noch Zeit. Wenn er ihr jetzt davon erzählte, würde sie denken, es sei ein Friedensangebot. Und gemäß der weiblichen Logik bedeutete dies, er hätte niemals von den Sparbüchern erzählen wollen, tat es dann aber, um sich mit ihr zu versöhnen. Der nächste Streit wäre also vorprogrammiert. Ganz nebenbei hatte er bewiesen, dass in Beziehungen ein Friedensangebot nur neuen Streit provozierte und folglich gar kein Friedensangebot sein konnte. Es gab also kein Friedensangebot in Beziehungen, lediglich ein Vergessen und Verdrängen.

Dabei fiel Paul die Geschichte ein, als Susi eines Morgens aufgewacht war, sich zu ihm umgedreht und ihn finster angesehen hatte. Er hatte in den jungen Tag geblinzelt und gesagt, da sie selbst keine Anstalten gemacht hatte, etwas zu sagen: «Morgen, Schatz!»

«Du Arsch!», hatte sie schlicht erwidert.

«Was denn?»

Vielleicht hatte er ihr des Nachts die Decke geklaut oder laut, wohl eher zu laut geschnarcht.

«Ich habe heute Nacht geträumt, dass du mit einer anderen rummachst!»

Paul hatte verschlafen gelacht und sich sein Kissen unter dem Kopf zurecht gestopft. «Aber das war doch nur ein Traum!»

«Und? Gib's doch zu, du würdest so was machen!»

«Hey, wir sind verheiratet. Ich liebe dich! Es gibt keinen Grund fremdzugehen!»

«Wenn das stimmen würde, müsstest du dich jetzt nicht verteidigen. Rechtfertigung zeugt von schlechtem Gewissen!»

Weibliche Logik war in der Tat anstrengend. Er würde in diesem Studiengang niemals weiter kommen als bis zur Zwischenprüfung, um dann mit Pauken und Trompeten zu versagen.

Paul trank. Er schloss die Augen und genoss den Sommer. Helle Kreise tanzten vor seinen geschlossenen Lidern und es durchströmte ihn eine angenehme Wärme. Noch war es nicht zu heiß. Was wohl Constanze gerade machte? Sie ging ihm einfach nicht mehr aus dem Kopf. Und das ärgerte ihn auf eine seltsame Weise, die ihn wiederum an sie denken ließ: ein Teufelskreis.

Mit dem Ellenbogen auf den Plastiktisch gestützt und auf der Hand sein schwerer Kopf liegend, betrachtete er die vorüberziehenden Menschen, vorwiegend Senioren. Er stellte sich vor, wie er wohl im Alter aussähe. Würde er sich einen Bart wachsen lassen? Na, auf keinen Fall eine von diesen schrecklichen Halbglatzen, bei denen am Schluss nur noch ein lichter Kranz Haare von Ohr zu Ohr reichte, während der Rest des Kopfes kahl war und glänzte wie ein Vogelei in seinem Nest. Dann lieber eine komplette Glatze. Die sei erotisch, so stand es zumindest kürzlich in der Men's Health.

Dabei fiel ihm gar nicht so recht auf, dass er sich im Alter alleine sah und nicht mehr mit Susi an seiner Seite. Die Träume von der gemeinsamen Metzgerei waren verschwunden, zusammen mit dem Wunsch nach Kindern, die vielleicht den Familienbetrieb übernehmen würden. Das alles wich nun einer Halbglatze und der Frage: Mag Constanze Männer ohne Haare?

Er gab ein Zeichen, dass er bezahlen wolle, aber es würde wohl noch etwas dauern, denn um die Mittagszeit herrschte reger Betrieb und die Bedienung hatte viel zu tun. Der Perlach, ein großer Glockenturm und Wahrzeichen Augsburgs, schlug ein Mal.

So recht wusste er mit seiner Freiheit nichts anzufangen. Was sollte er den ganzen langen Tag tun? Früher war es anders. Er stand morgens auf, duschte und ging in die Metzgerei. Nach dem Zubereiten der frischen Wurst ging es an den Leberkäse, und schließlich an Koteletts, Schnitzel, Herzen, Nieren und vieles mehr. Am späten Nachmittag war Feierabend, er kam nach Hause und duschte wieder. So war er beschäftigt gewesen, tagaus, tagein. Und die wenige Zeit, die ihm blieb, hatte er mit seiner Frau genossen. Hatte er doch, oder?

Wann hatte er eigentlich begonnen, sich nach etwas anderem zu sehnen? Paul ließ seine Gedanken schweifen im mittäglichen Sonnenlicht. Kleine, verschwommene Spots auf Szenen aus seinem Leben.

Sein Vater hatte es nicht einmal zur Kenntnis genommen, als er ihm sagte, er würde eine Metzgerlehre beginnen. Es war ihm schlicht egal gewesen. Er hatte nur in seinem Sessel gesessen und in den Fernseher, dessen Lärm vom Klappern der Töpfe aus der Küche untermalt wurde, gestarrt. Es lief irgendein Tatort. Und während Schimanski von seinem Kollegen Thanner bekocht wurde, saß Paul auf der Couch und sprach mit seinem Vater.

«Es muss sich etwas ändern in meinem Leben! Das hast du selber gesagt! Und ich will ja auch etwas ändern. Ich glaube, der erste Schritt ist, einen anständigen Beruf zu erlernen. Dann kann ich mit meinen Händen etwas Sinnvolles tun.»

Werner Winter nahm einen tiefen Schluck aus der Bierflasche und ohne den Blick vom Fernseher zu nehmen, schrie er: «Mensch, hör doch mal mit dem Geklapper auf! Das hält ja kein Mensch aus! Ich will fernsehen.»

Rettungslos in seinen Gedanken verloren, suchte er ein Handyspiel, um sich zu beschäftigen. Er spielte und landete schließlich wie durch Zufall bei Constanzes SMS. Er drückte auf ‚Optionen', dann ‚Nummer anzeigen', ‚Speichern'. Dann klickte er sich zurück und antwortete ihr. Dieses Mal nicht durch einen Anruf, sondern ebenfalls durch eine SMS. So würde sie ihn nicht wieder aus der Fassung bringen.

Li...lg...Gg... Hi
i...ha... ich
m...mm...oma...noch... möchte
e...eg...dgb... dich
i...id...her... gerne
u...us...use... treffen
um
15.30
u...vi... uhr
i...in... im
samt & rosen
s...sa...rat... paul

Er gab der Kellnerin nochmals zu verstehen, dass er ausgetrunken hatte und nun bezahlen wollte. Sie kam und suchte noch im Gehen die entsprechende Seite auf ihrem Notizblock.

«Ein Eiskaffee? Macht zweisiebzig.»

«Stimmt so.»

«Danke. Schönen Tag noch. Ciao.» Eine seltsame Mittagsmüdigkeit drohte ihn zu übermannen, als sein Handy im Stakkato auf der Serviette mit dem Kaffeebart vibrierte und eine SMS ankündigte. Es war Constanzes Antwort. Er öffnete die Nachricht voller Hoffnung, und in seinem Kopf hüpften die verschiedenen Silben zu den unwahrscheinlichsten Sätzen zusammen. Doch die SMS enthielt nur ein kleines ‚ok', mehr nicht. War er enttäuscht?

Was wollte er denn mehr? Constanze würde seiner Einladung folgen und mit ihm Essen gehen. Und das in weniger als zweieinhalb Stunden. Das neuerliche Schlagen des Perlachturms sagte es überdeutlich: Er hatte nicht mehr allzu viel Zeit. Plötzlich schrumpfte die Zeit bis zum Rendezvous zu ein paar flachen, asthmatischen Atemzügen. Und mit einem Mal waren da Fragen, die sich Paul zuvor nur selten, wenn überhaupt gestellt hatte: Zähne putzen vor dem Date? Neue Unterhose? Was sollte er generell anziehen? Passen Streifen im Hemd zu Punkten auf den Socken? Sollte er ihr etwas mitbringen? Wäre das zu aufdringlich? Über was würden sie sich unterhalten? Sollte er ihr von seiner Schulzeit erzählen? Negativ, Schule ist out! Zumindest, wenn man nicht mehr in der Schule ist! Außerdem hatte Pauls Schulzeit nur wenige Passagen, die er erzählen könnte, ohne sich gleich um Kopf und Kragen zu reden.

Völlig in diese Gedanken versunken, stand er plötzlich wieder in seiner Wohnung unter der Dusche und wusch sich. Vor dem Spiegel posierte er eine kurze Weile wie ein Bodybuilder, doch der Bauch, der sich immer deutlicher in den Vordergrund schob, unterstützt von diversen Bieren, verlieh der Vorstellung einen lächerlichen Anstrich. Sicherlich hatte er als Schläger und Raufbold traurige Berühmtheit zu Schulzeiten erlangt, aber dazu brauchte man keinen Adoniskörper. Eher einen tiefen Schwerpunkt und ein Gesicht, das etwas aushalten konnte. Fletschte er seine Zähne, sah er immer wie eine Bulldogge aus. Ein Eckzahn stand etwas schief und vollendete das finstere Aussehen. Vor diesem Gesicht hatten sogar die Lehrer Angst und so mancher hatte – natürlich hinter Pauls Rücken – gesagt, dass solch ein Gesicht nur von der eigenen Mutter geliebt werden könnte.

Oh ja, sie hatte ihn geliebt. War ihm immer durch das Haar gefahren und hatte gesagt: «Mach mir keine Schande!» Obwohl sie wusste, dass er ihr Schande machen würde. Immer und immer wieder.

Das Telefon klingelte, es war ein eisernes Scheppern. Sie hatten ein völlig veraltetes Ding aus dem Keller angeschlossen, nachdem sein Vorgänger das letzte Telefonat nicht an einem Stück überstanden hatte. Nicht alles in der modernen Zeit war fürs Fliegen gemacht, nicht einmal alle Flugzeuge. Wie sollte da ein Telefon, noch dazu an einer Wand, unbeschadet landen?

«Ja?»

«Herr Winter? Hufnagel noch mal. Sie erinnern sich?» Paul nickte stumm. «Es geht um Ihren Vater. Haben Sie eine halbe Stunde Zeit? Ich möchte den Sarg nicht alleine aussuchen. Und die Kleidung würde ich auch gerne mit Ihnen gemeinsam absprechen.»

Paul stöhnte durch den Hörer.

«Ich weiß, Sie hatten kein allzu gutes Verhältnis zu Ihrem Vater, aus diesem Grund werde ich auch alles Weitere übernehmen, aber zu bestimmten Dingen möchte ich doch gerne Ihre Meinung hören. Denn, trotz all des Streits, er war schließlich Ihr Vater. Können wir uns in einer Viertelstunde treffen?»

Paul fluchte lautlos und hätte am liebsten gleich das zweite Telefon an die Wand geworfen. Selbst jetzt noch funkte ihm sein Vater dazwischen. Er schlug mit der Faust gegen die gekalkte Wand und schürfte sich an zwei Knöcheln Haut ab. Aber er sagte zu.

Während er die leicht blutende Wunde wusch, steigerte er sich immer weiter in seine Verwünschungen hinein.

Auf dem Weg zur Straßenbahnhaltestelle schlug er drei Türen zu – Badezimmer-, Wohnungs- und Haustüre –, trat gegen eine der selten gewordenen Dosen und schlug schließlich gegen einen Laternenpfahl, als er bemerkte, dass die nächste Straßenbahn erst in zwölf Minuten kommen würde: Ferienfahrplan!

«Der alte Hufnagel wird schon warten. Wenn er sich alleine nicht traut, einen Sarg für den alten Arsch auszusuchen ...» Paul murmelte in seinen wegrasierten Bart, während er in kleinen Kreisen um die Anzeige der Straßenbahnhaltestelle ging. Als sich schließlich eine uralte klappernde Straßenbahn zu seiner Haltestelle quälte, war sich Paul sicher, alle höheren Mächte, einschließlich der Stadtwerke Augsburg, hatten sich gegen ihn verschworen.

«Hallo Herr Hufnagel», begrüßte Paul den Alten, der ungeduldig vor seinem Haus wartete. «Ferienfahrplan, hatte ich ganz vergessen. Entschuldigung.»

«Ich dachte schon, Sie kommen nicht mehr. Nun gut, kommen Sie, es ist nicht weit.» Gemeinsam gingen sie die Straße entlang, vorbei an einer Schule. Sie lag verlassen da. Die Straße hingegen war voller Leben. Paul hörte Lachen und Vogelgezwitscher, ab und zu unterbrochen von Motorengeräuschen. Er fragte sich, ob er den Alten über seinen Vater befragen sollte, verwarf dieses Vorhaben jedoch wieder. Seine Gedanken wurden zu Constanze gelenkt und unwillkürlich beschleunigte er seinen Schritt. Er wollte diese Verabredung, dieses Date nicht versäumen, wollte nicht zu spät kommen. Er wollte im Restaurant sitzen und wenn sie den Raum betreten würde, wollte er aufstehen und ihr den Stuhl anbieten. In seinen Gedanken berührte er bei einem belanglosen Lächeln ihre Hand, sah ihr in die Augen und ertrank darin. So hörte er auch zunächst nicht zu, als Herr Hufnagel mit ihm sprach.

«Mich geht es ja eigentlich nichts an, aber gibt es einen bestimmten Grund, dass Sie sich mit Ihrem Vater nicht so gut verstanden haben?»

«Was?»

«Na ja, ich meine nur, es muss doch einen Grund dafür geben, dass Sie und Ihr Vater sich nicht ... Ich meine, es war ja offensichtlich.»

«Das ist ganz allein meine Sache! Und das wird auch so bleiben. Was dieser Kerl meiner Mutter und mir angetan hat, erübrigt jede Diskussion. Ich gehe nur mit Ihnen zum Bestatter, weil ...» Paul stockte. Warum eigentlich? War es nun doch eine Art Verpflichtung gegenüber seinem Vater, die ihn trieb? Er wusste es nicht, und das Betreten des Ladens ,Zur ewigen Ruhe' bewahrte ihn davor, weiter in sich zu gehen und den wahren Grund zu finden.

«Einen guten Tag!», wurden sie von einem der merkwürdigsten Menschen begrüßt, den Paul jemals gesehen hatte. Er wusste nicht, wie er ihn beschreiben sollte. Er war zwar da, aber irgendwie auch nicht: zwar nicht aufdringlich, doch auch nicht wirklich zurückhaltend, nicht unauffällig, aber auf keinen Fall der Pfau im Vogelkäfig. Er war einfach ein Mensch und so durchschnittlich, dass er wahrscheinlich, passend zum Tod, der kleinste gemeinsame Nenner alles Menschlichen darstellte.

«Tag. Hufnagel mein Name. Wir kommen wegen des Begräbnisses von Herrn Winter.»

«Ah, ja. Es ging um die Auswahl des Sarges und die Abstimmung der

Kleidung des bedauerlicherweise Verstorbenen.»

Paul hätte am liebsten laut gelacht. Bedauerlich war am Tod seines Vaters lediglich das Datum. Damit hatte er sich sein Denkmal gesetzt. Und eigentlich war Paul sogar das Datum ziemlich egal.

«Genau.»

«Sie sagten, der Verstorbene hätte beizeiten etwas Geld für die Beisetzung aufgespart. Ich frage nur, um abzuschätzen, was ich Ihnen guten Gewissens offerieren darf.» Der Bestatter machte eine betont dezente Drehung auf dem Absatz und ging durch den Verkaufsraum. Herr Hufnagel folgte ihm, während er die ersten Särge musterte.

«Hier haben wir zum Beispiel die so genannte 50er Serie von F. X. Denk. Der massive dreifache Deckel ist wunderbar gearbeitet und wirkt dadurch sehr aufwendig.»

«Ich denke, das ist nicht ganz die Preisklasse, die ich mir vorgestellt hatte.»

«Ah, ich verstehe. Ich könnte Ihnen natürlich auch unsere 10er Serie anbieten. Hier vorne. Sie ermöglicht eine preiswerte und gleichzeitig pietätvolle Beisetzung.»

Nur mit einiger Anstrengung konnte sich Paul das Lachen noch verkneifen, denn im Geiste übersetzte er diese Worte mit: ‚Aha, knausern auch noch im Tode. Wenn Sie den Toten in einer Salamikiste aus Styropor und Eichenimitatfurnier unter die Erde bringen wollen, dann nehmen Sie doch unser Modell Kirchenmaus.' Warum musste er dabei sein? Paul verstand es nicht. Während Hufnagel und der Bestatter sich unterhielten, begutachtete Paul die Urnen in einem Regal. «Da sollte man dich reinstecken! Und dann im Meer versenken, du Ratte!», dachte er bei sich.

Mit grellem Ton meldete sich Pauls Handy. Die Unterhaltung über die Vorzüge verschiedener Sargmodelle brach ab und der Verkäufer musterte ihn geringschätzig Blick an. Paul kramte sein Handy hervor und schon beim Blick auf die Uhr wusste er, wer ihm diese Nachricht gesendet hatte.

«Hey Cowboy, es schickt sich nicht, eine Dame warten zu lassen. Du hast fünf Minuten. Constanze»

Kapitel 4

«Entschuldigung, aber ich kann nicht bleiben. Herr Hufnagel, Sie werden sicherlich das Passende auswählen. Ich habe noch etwas Wichtiges zu erledigen.» Mit diesen Worten stürzte er aus der Tür. Er versuchte sich zu orientieren. Zurück bis zur ,Blauen Kappe', der Haltestelle beim Haus seines Vaters, würde er schon einige Zeit brauchen, und dann war es immer noch ein gutes Stück zu Constanze. Er begann zu rennen. Das Handy, die Schlüssel, sein Kaugummi wurden in seiner Tasche wild hin und her geschüttelt.

Er passierte gerade seine Stammkneipe, als er bemerkte, wie ihm der Schweiß in Strömen herunterlief. Mist! Das souveräne Auftreten Constanze gegenüber konnte er wohl vergessen. Wie erschien man souverän zu spät und mit dunklen Flecken unter den Achseln? Zwar war er in guter Form, aber bei der sommerlichen Hitze klebte das Hemd buchstäblich am Körper – von wegen: ,Das Deo, das arbeitet, wenn sie es brauchen!' –, als er nach gut fünf Minuten vor dem Eingang des Restaurants stand. Er hatte gerade genügend Atem geschöpft, die Dame seines Herzens begrüßen zu können, als ihm Constanze bereits entgegen kam.

«Hey, Cowboy! Hast du denn gar keinen Anstand?» Sie ließ ihr schwarzes Lacktäschchen lässig am Handgelenk baumeln. «Eine Dame lässt man nicht warten. Man ist etwas vor ihr da, bietet ihr einen Stuhl an ... Eigentlich sollte ich jetzt gehen und dir erst nach einigem Bitten und Betteln eine weitere Chance geben, aber ...» Sie musterte ihn genießerisch, sah die Schweißtropfen seine Schläfen hinabrinnen, lächelte ein wenig und bot ihm ihren Arm an, «... wer so rennt, der hat die zweite Chance vielleicht sofort verdient. Na los, gehen wir!»

Paul war sprachlos, was seine hervorstechendste Eigenschaft in Constanzes Gegenwart zu sein schien. Ungelenk nahm er sie am Arm und gemeinsam gingen sie hinein. Zielstrebig steuerte sie auf einen Tisch zu und nahm Platz. Paul starrte sie an. Faszinierend, dieses geile Biest. Unvergleichlich, das war das richtige Wort.

«Was ist? Bist wohl eher der Typ für 'nen Stehimbiss? Setz dich!»

«Was? Oh, ja.» Er nahm Platz und war überglücklich, als das drohende Schweigen vom Kellner unterbrochen wurde. Sie nahmen die Speisekarten entgegen, Constanze bestellte einen Eiskaffee und ein kleines Wasser, er ein großes Spezi.

Paul fühlte sich wie ein pubertierender Teenager, der mit einer welterfahrenen Dame an einem Tisch saß, die erwartete, adäquat unterhalten zu werden. Sie lächelte ihn an, mehr aus Mitleid, denn aus irgendeinem anderen Grund.

«Nun, Paul, sei doch bitte ein Gentleman und unterhalte dich mit mir. Wenn mir nach Ruhe gewesen wäre, hätte ich dem Stuhl, auf dem du sitzt, meinen Arm angeboten.» War sie böse auf ihn? Paul überlegte kurz, blickte ihr zu. Ihre großen Augen sahen ihn eigentlich freundlich an.

«Ich habe mich noch gar nicht entschuldigt. Ich meine für die Verspätung», begann er mit einem Räuspern.

«Richtig, das hast du nicht.» Sie lächelte, packte ihre Zigaretten aus und zündete sich eine an. Die empörten Blicke eines Pärchens am Nachbartisch nahm sie wahr, aber es schien ihr sogar Spaß zu machen, diese zu ignorieren.

«Verzeihung.»

«Nicht gewährt.» Sie beugte sich nach vorne und tadelte ihn mit den beiden Fingern, die ihre Zigarette hielten. «Vorerst. Warten wir ab, wie das Essen verläuft. Danach teile ich dir meine Entscheidung mit.» Sie lehnte sich wieder entspannt zurück und lächelte, wie damals auf der Bank des Wartehäuschens.

Er war der kleine Junge und sie das Raubtier. Und sie führte ihn sicher dahin, wo sie ihn haben wollte. Aber vielleicht war sie ein Raubtier, das mit seiner Beute spielte, bevor es sie verschlang? Was hatte sie vor? Der Kellner stellte die Getränke ab. Sie nickte ihm freundlich zu, dann bestellten sie.

«Und? Wie geht es so?», wagte er einen neuen Versuch, nachdem der Ober hinter der Bar verschwunden war.

«Wie meinst du das?»

«Na, wie soll ich 's schon meinen?»

Paul fühlte sich mittlerweile richtig unwohl in ihrer Gegenwart. In seinem Kopf sammelten sich bereits die ersten Schimpfworte im Rhythmus der Hintergrundmusik, dem Ketchup-Song. Sie sog den blauen Dunst tief in ihre Lungen und verschränkte die Arme unter ihren Brüsten, die sich lasziv in ihrem tiefen Dekolleté räkelten. Paul hätte sich gerne mit ihnen geräkelt. Etwas über ihrem Busen saßen jedoch auch zwei Augen, die ihn im Moment direkt ansahen und missbilligten, dass sein Blick in anderen Regionen verweilte.

«Was willst du von mir? Überleg es dir gut und sei ehrlich. Du kannst antworten, was du willst. Wenn du aber lügst, dann werde ich sofort gehen.»

«Dich.» Sie lächelte kalt, wie eine Sirene, die wieder ein Opfer gefunden hatte. Keine andere Antwort hätte sie wohl gelten lassen. Pauls Mund war wieder schneller als seine Gedanken gewesen und als er schließlich begriff, zu welcher Dummheit sie ihn verleitet hatte, schämte er sich ein wenig. Er war ihr in die Falle gegangen.

«Das wollen viele», gab sie sanft zurück.

«Das glaube ich», sagte er kleinlaut.

«Darf ich das als missglücktes Kompliment deuten?» Wieder dieses wissende Lächeln, das Paul wahnsinnig machte. Sie strahlte eine Selbstsicherheit aus, die für einen Mann wie Paul beängstigend war, zugleich aber eine Faszination ausübte, die ihn rasend machte. Er versuchte es noch einmal: «In deiner Nähe rede ich scheinbar nur Scheiße, bekomme den Mund nicht auf und versaue alles, was nur möglich ist ...»

«Ja, Scheiße. Besonders gut warst du wirklich nicht», kicherte sie.

«Komm, fang noch einmal von vorne an. Und ich werde eine Portion weniger gemein sein, okay?» Sie hielt die Zigarette etwas näher an den Nachbartisch. Paul zündete sich ebenfalls eine an. Ein tiefer Zug, dann: «Okay, zweiter Versuch: Hast du jetzt gerade Mittag und musst du nachher noch arbeiten?»

«Nein, kein Mittag. Aber ja, nachher arbeiten. Allerdings erst abends, so gegen halb elf.»

«Was arbeitest du denn?»

«Rate mal.»

«Du arbeitest abends, hm ... Kellnerin!»

«Falsch.» Jetzt grinste sie wie ein kleines Kind, das sich spitzbübisch freute, das jemand ihr Geheimnis nicht erriet.

«Vielleicht DJ in der Rockfabrik?»

«Das nehme ich als Kompliment, und wenn ich DJ wäre, dann bestimmt am Mittwoch.» Pauls Gehirn arbeitete. Was für Musik lief am Mittwoch in der Rofa? Ach ja, diese Gruftiekacke.

«Bist du ein Gruftie?» Sie lachte und drückte den Rest ihres Glimmstängels im Aschenbecher aus. Aber sie antwortete erst nach einem ausgiebigen Zug am Strohalm ihres Eiskaffees: «Ich bin ich ... Aber die Musik gefällt mir ganz gut, und der Lifestyle ist okay. Schwarz ist eine geile Farbe. Nur liebe ich sie aus einem anderen Grund, als diese Gruftie-Heulsusen. Schwarz ist eine wunderbare Projektionsfläche und ein Spiegel, wenn du so willst. Ich mag es, wenn mich Leute sehen und ihre Wünsche in mir zu erkennen glauben und ... aber da würde ich dir zu viel verraten. Du sollst ja selber draufkommen.» Mit dem Strohhalm fingerte sie etwas Schaum aus dem Glas und leckte ihn mit der Zunge ab.

«Ich gebe es auf. Keine Ahnung. Was machst du?»

Sie lächelte siegessicher: «Ich gebe dir einen Hinweis: Ich mache nichts, ich bin etwas.»

Das Essen gab Paul einen Moment Zeit, weiter nachzudenken. Es duftete herrlich: Filetstreifen mit Gemüse der Saison. Vor Constanze wurde ein Salatteller abgestellt. Paul nahm sich die Serviette und legte sie auf seinen Schoß, so wie er es bei einigen anderen Gästen gesehen hatte. Dann griff er Messer und Gabel.

«Kein letzter Versuch?» Sie klang beleidigt, aber sie kokettierte wohl eher damit.

«Das war nicht wirklich eine Hilfe. Ich habe keine Ahnung.»

«Da gebe ich dir Recht ... Aber ich spiele so gerne mit euch.» Sie nahm einen Kugelschreiber aus ihrer Tasche und kritzelte etwas auf ihre Serviette. Diese reichte sie Paul. Trotz der erschwerten Bedingungen hatte sie eine sehr schöne Schrift, wie Paul fand.

«Was ist das?», fragte er mit vollem Mund.

«Ein weiterer Hinweis. Ich werde dir nämlich nicht verraten, was ich bin. – Was bist du?», wollte sie wissen und nun griff auch sie zur Gabel und piekste in ein Stück Mozzarella.

«Rate!», grinste Paul bei dem Versuch, noch etwas Zeit zu gewinnen und Licht in das Dunkel von Constanzes Dasein zu bringen. Sie spähte kurz zu ihrem Gegenüber, aß einen weiteren Bissen, legte die Gabel beiseite und sagte: «Wenn ich deine Hände so ansehe, glaube ich, du arbeitest viel damit. Handwerker oder so etwas.»

«Nicht ganz richtig.» Paul triumphierte innerlich. Er würde sie mit ihren eigenen Waffen schlagen.

«Hm ... also kein Handwerker, aber eine Arbeit mit den Händen ... Vielleicht so was wie ein Bäcker oder Fleischer? Ein Metzger vielleicht ...» Pauls Gabel erstarrte in der Luft. Sein Kinn klappte herunter und er sah das Mädchen aus riesigen Augen an.

«Ich bin Metzger, ja. Das gibt's doch nicht!» Ein feines Lächeln umspielte ihre Lippen. «Ich habe eine gute Menschenkenntnis und ich beobachte die Menschen sehr genau. Ich muss sie einschätzen können. Das gehört wiederum zu meinem Beruf. Ich glaube, du magst keine Tiere.»

«Wieso?»

«Du wärst sonst auch bei Frauen einfühlsamer.»

«Ich mag keine Tiere, also Haustiere. Ich mag Steine. Die sind unkompliziert und scheißen einem nicht auf die Couch.» Hier musste Constanze laut und herzlich lachen. Es war ein herrliches Lachen, so frei und unbefangen, dass es Paul ansteckte und er unweigerlich mitlachen musste. Als sie sich beruhigt hatten, wagte Paul einen weiteren Vorstoß.

«Du arbeitest aber nicht im handwerklichen Bereich, oder?»

«Nein, Dienstleistung. Ich erfülle Wünsche», kicherte sie.

«Du bist eine Fee, zumindest vom Aussehen her», scherzte er zurück.

«Danke schön. Und gar nicht so verkehrt. Ja, manchmal bin ich eine Fee.»

Susi war heute geladen wie selten. Nicht nur durch die jüngsten Ereignisse mit Paul, das ging ja schon länger so. Der versaute Hochzeitstag, die Streitereien und diese dämlichen Avancen von Eddie. Und vorhin wäre sie mit ihrem Stuhl beinahe hintenübergekippt. Jemand hatte die Sperre zum Kippen des Sessels entriegelt. Wahrscheinlich eine von den dummen Putzfrauen. Kaum war sie heute Morgen auf der Arbeit gewesen, hatte es ihr auch schon wieder gereicht. Sie kippte auf dem Stuhl, der ihr sonst Halt gab, nach hinten und schrie vor Schreck laut auf. Das sorgte natürlich für einen Riesenspaß bei den Kollegen in der Spedition Früchtel. Nur ihr Chef schien etwas Verständnis zu haben, als er ihr einen kleinen Schnaps zur Beruhigung anbot.

Und so saß sie mit einem kleinen Glas in der Hand in seinem Büro und lauschte seinen Geschichten. Wie oft diese Szene schon stattgefunden hatte, war ihr nicht etwa entfallen, sondern sie hatte einfach aufgehört zu zählen.

«Weißt du, Susi, du hast schon einmal besser ausgesehen. Gerade wohl viel Stress, oder? Ich kann mich noch genau an den ersten Tag hier erinnern. Da waren es vor allem wir beide, die diese Firma aufgebaut haben. Und jetzt schau sie dir an: Ein eigener Fuhrpark, fünfzehn Angestellte. Eine tolle Spedition.»

«Ja. Ich weiß.» Susi war gelangweilt. Der Hoffnungsschimmer, er würde sich wirklich um sie kümmern, war verflogen. Im Normalfall wäre das ja auch nicht nötig gewesen. Doch ihre sonst so ruhige Hand zitterte.

«Hast du heute noch was vor? Ich würde dich gerne zum Essen einladen.»

«Was? Nein, das geht nicht, ich muss noch die Buchhaltung holen. Die haben angerufen, dass sie fertig ist. Und dann noch die Auswertung.»

«Ja, so bist du, fleißig, immer eifrig bei der Arbeit. Dafür mag ich dich so! Aber komm, der eine Nachmittag, das ist doch wohl drin, oder?»

«Wolfgang, nein, es geht nicht. Außerdem habe ich so schon genug am Hals!» Sie stand auf und wollte das Büro verlassen, drehte sich noch einmal um und stellte das leere Schnapsglas auf den Tisch: «Danke.»

Auf dem Weg nach draußen versuchte Susi ein wenig, ihre Gedanken zu ordnen. Sie hätte jetzt gerne jemanden gehabt, der ihr zuhört, der mit ihr redet. Aber Eddie wollte nur an ihre Muschi, bei Wolfgang war es ähnlich und wenn sie den Mädels beim Kaffeeklatsch ihr Herz ausschüttete, wusste im Handumdrehen die ganze Stadt über ihre Probleme Bescheid.

Aber vielleicht konnte sich Eddie mal am Riemen reißen. Sie würde es probieren. Aber jetzt erst mal zur Steuerkanzlei den Monatsbericht holen. Eigentlich auch eine total sinnfreie Arbeit. Sie würde nach der Auswertung wieder sagen: «Der Firma geht es wirklich schlecht!» Und Wolfgang würde wie immer antworten: «Ach, komm, das ist die allgemeine Lage. Das geht vorbei.» Dabei schrieb das Unternehmen bereits seit achtzehn Monaten rote Zahlen.

Im Auto roch sie Paul und trotz der Hitze des Tages war ihr mit einem Mal kalt. Wie war es nur so weit gekommen? Sie rieb sich mit einer Hand die Augen und schloss den Aschenbecher. So roch es weniger nach ihm. Dem Wunsch, selber eine Zigarette in die Hand zu nehmen, widerstand sie. Auch das roch nach Paul. Und wenn sie den Qualm in ihre Lungen sog, war es, als würde sie Paul inhalieren. Wegen ihm hatte sie damals, vor sieben Jahren, angefangen zu rauchen und trotz der Jahre mit ihm hatte sie vor 7 Monaten, 4 Tagen und einigen Stunden wieder damit aufgehört.

Er hatte sie immer in die Raucherecke mitgenommen und irgendwann hatten sie gemeint, dass Frauen, die nicht rauchten, kleine Brüste hätten. Sie hatte tapfer den Brechreiz der ersten Züge überstanden und wurde sogar gefeiert, als sie sich schließlich ihrem Freund in die Arme warf und übergab.

Sie machte das Radio an und musste erst einmal wieder ihren Sender suchen. Immer wenn Paul mit dem Auto fuhr, war das Radio auf irgendeinen blöden Rocksender eingestellt. Sie wollte aber etwas anderes hören. Waren sie wirklich so verschieden, dass es einfach keine Gemeinsamkeiten mehr gab, dass sie nichts mehr verband?

Sie wusste nicht genau wie, aber als sie das Auto wieder verließ, war sie nicht bei der Steuerkanzlei, sondern bei ihren Eltern gelandet. Sie klingelte an der Tür und ihr Vater machte auf.

«Hallo, mein Schatz! Das ist aber eine Überraschung. Komm rein!»

Weiter kam er nicht, da lag sie auch schon weinend in seinen Armen.

Paul hatte die Zeit vollkommen vergessen. Der Aschenbecher hatte sich langsam gefüllt, das Essen war schon lange abgeräumt und er war dem Geheimnis seines Dates noch nicht ein Stück näher gekommen. Dennoch, die Unterhaltung war aufregend für ihn. Es glich dem Moment, als er mit fünfzehn das erste Mal einen Sex-Shop betreten hatte. Eine völlig neue Welt tat sich vor ihm auf, und je länger er sich mit dieser Welt beschäftigte, desto mehr faszinierte sie ihn.

«Also, du erfüllst Wünsche, bist in der Dienstleistungsbranche, aber nicht angestellt, sondern selbstständig. Außerdem arbeitest du mit deinem Körper, bist aber weder Model noch Fitnesstrainerin, richtig?» Paul trank mittlerweile ein Bier und Constanze hatte sich ein Ginger Ale bestellt.

«Ja, das kann ich so stehen lassen. Obwohl es von meiner Profession noch so unendlich weit entfernt ist, dass ich glaube, du errätst es nie.»

«Dann sag es mir einfach.»

«Nein. Das wäre zu einfach für dich. Du willst gerne erobern. Du schätzt Dinge, die dir selber aufgefallen sind. Du bist nicht der König, der sich die Nachrichten bringen lässt. Du bist der Mensch, der sie entdeckt!»

«Und du bist wirklich faszinierend, Constanze.»

«Danke. Aber es ist schon spät. Ich muss langsam zur Arbeit.»

«Es war ein sehr schöner Nachmittag für mich.» Sie stand auf. «Ich bin selbstverständlich eingeladen», lächelte sie ihm zwinkernd zu.

«Aber klar. Wann sehen wir uns wieder?»

«Weiß nicht. Das musst du mir sagen.» Sie kam noch einmal zurück und hauchte ihm einen leichten Kuss auf die Wange. Dann nahm sie ihren Mantel und verließ das Lokal. «Übrigens ... die Entschuldigung ist angenommen.»

Kapitel 5

«Was soll die ganze Scheiße eigentlich? Fünf Jahre sind wir jetzt verheiratet ... Bedeutet das nichts? So eine verdammte Scheiße! Eigentlich schien doch alles perfekt. Jeder hatte seinen Job, wir sind regelmäßig in Urlaub gefahren, haben eine tolle Wohnung mit Garten in der Innenstadt! Alles lief super. Und jetzt ist alles kaputt. Paul hat das kaputtgemacht. Er hat unsere Freunde behandelt wie Dreck, er hat seinen Job geschmissen ... und erst die Geschichte an unserem Hochzeitstag! Er macht einfach alles kaputt.» Susi schluchzte und schniefte wie bei einer mächtigen Grippe, und ihr Papa kam mit dem Reichen der Tempos nicht mehr nach. Stumm hatte er seiner Tochter zugehört. Nicht unbedingt, weil er ein besonders guter Zuhörer war, vielmehr, weil ihm keine Antwort einfiel. Zwar geisterte einige Male der Satz ,Ich hab's ja schon immer gesagt, der Kerl ist nichts für dich' in seinem Kopf umher, aber er spürte, dass das keine große Hilfe sein würde. Er war über die Jahre klug genug geworden, einfach zu schweigen.

«Schatz, möchtest du etwas trinken? Einen Kaffee? Oder Saft?», fragte er schließlich.

«Nur ein Wasser, bitte», brachte sie hervor. Ihr Vater löste die Umarmung und verschwand kurz in der Küche. Er nahm ein Glas aus dem Schrank, ein altes Senfglas mit Biene Maja und Willi drauf. Er wartete, bis kaltes Wasser aus dem Hahn kam. Bevor er wieder zu seiner Tochter ging, nahm er ein Handtuch und trocknete die Spüle. Das Handtuch blieb in der Spüle zurück. Seine Schritte waren von einer merkwürdigen Bestimmtheit. Fast, als folge er einem uralten Muster, einem Weg, den er schon tausendmal gegangen war.

«Hier, bitte!» Er stellte das Glas auf den Tisch.

«Danke, Papa.» Sie beruhigte sich allmählich.

«Weinen tut gut. Das muss manchmal sein.»

«Ja. Danke. Mir geht es auch schon etwas besser. – Wie geht es dir?» Sie nippte am Wasser und trocknete mit einem der letzten Taschentücher ihre Tränen.

«Gut, der Arzt hat gesagt, ich soll mir schon mal einen Farbfernseher kaufen.»

Beide lachten laut, vielleicht zu laut.

«Ist es schlimmer geworden?»

«Na ja. Was heißt das schon. Ich kenne dieses Haus wie meine Westentasche. Für ein Leben in diesen vier Wänden brauche ich keine Augen. Und deine Mutter gibt ja auch auf mich Acht, damit ich keine Dummheiten mache.» Er grinste schief.

«Wir haben euch an unserem Hochzeitstag vermisst.»

«Das glaube ich euch. Aber du weißt ja, es geht nicht.»

«War doch auch nicht böse gemeint, du weißt schon ... Ich muss jetzt gehen. Die warten auf mich in der Arbeit. Eigentlich sollte ich ja die Monatszahlen holen ... Sag Mama einen lieben Gruß, ja?»

«Wenn du noch ein paar Minuten wartest, kannst du es ihr selbst sagen.»

«Nein. Die anderen warten auf mich.» Sie nahm ihn in den Arm und nach einem Moment des wohligen Schweigens verabschiedete sie sich von ihm.

Paul ging, beschwingt von Alkohol und Frau, nach Hause. Constanze hatte ihn verzaubert. Sie war so gänzlich anders als Susi oder die anderen Frauen, die er kannte. Er dachte an all die, die er in seinem Leben geliebt, gehasst, verehrt und begehrt hatte, doch keine konnte dem Vergleich mit Constanze standhalten.

Das rötliche Licht der Abendsonne spiegelte sich golden auf den Dächern. Die Maxstraße war voller Leben. Die Menschen tranken, lachten und aßen in den Cafés. So wie er gerade eben noch. Vielleicht saßen hier auch Leute wie er, die sich zum ersten Mal verabredet hatten und vom Gegenüber total fasziniert waren. Vielleicht gestand gerade jetzt jemand seine Liebe ...

Es war der heißeste Sommer seit langem. Staub schwirrte in der Luft und ließ alles als Teil einer Fata Morgana erscheinen. Pauls Gedanken kreisten um diese Frau, dieses Mädchen. In wenigen Sekunden hatte sie ihn als Metzger entlarvt und er hatte nach mehreren Stunden noch immer keine Ahnung, was sie eigentlich machte, welcher vermeintlich exotischen Tätigkeit sie nachging.

Paul fiel die Serviette ein, auf die Constanze etwas geschrieben hatte.

Ein Straßenname stand da und: So wie die Liebe dich krönt, so kreuzigt sie dich. Sollten das Hinweise sein? Die Straße kannte er nicht und der Spruch war ziemlich dämlich, fand Paul. Aber er musste auch zugeben, dass dieser Spruch auf ihn und seine Frau zutraf. «Mit der hat man sein Kreuz», seufzte er, als er den Schlüssel ins Schloss der Wohnungstür steckte.

Es war Samstagmorgen. Die übrige Woche hatten sich Susi und ihr ‚Teilzeitlebensgefährte' bemüht, möglichst wenig Zeit am gleichen Ort zu verbringen. Nur das Bett führte die beiden jeden Abend zusammen. Aber sie schlief, wenn er von seinen Streifzügen zurückkam und er schlief noch immer, wenn sie morgens das Haus verließ. Selten fiel ein Wort in dieser Zeit; die Wohnung war ein stiller und ruhiger Ort geworden. Das Klagen und Streiten hatte aufgehört und Paul gab stillschweigend zu, dass es ihm so gefiel.

Doch heute war es anders. Wochenende. Susi musste nicht arbeiten und auch er hatte nicht wirklich etwas zu tun. Und so lagen sie Rücken an Rücken und versuchten, möglichst leise zu atmen. Er schlief schon lange nicht mehr, aber er wollte nicht aufstehen. Ihr ging es nicht anders. Sackgasse.

Das Scheppern des Telefons zwang ihn schließlich doch aus dem Bett und für ihn war es, als hätte er einen Wettstreit gegen Susi verloren, die sich, scheinbar schlaftrunken, genussvoll in ihren Laken wälzte. Er suchte seine Hausschuhe, schlüpfte hinein und fühlte die klamme Kälte, die seine Schweißfüße hier hinterlassen hatten. Er räusperte sich zeitgleich mit dem fünften Klingeln und schlurfte lustlos zum Telefon.

«Ja?», stöhnte er müde in die Muschel.

«Guten Morgen, Herr Winter. Hufnagel hier. Ich wollte Ihnen nur kurz Bescheid geben, dass die Beerdigung Ihres Vaters am Dienstag stattfindet, um zehn Uhr auf dem Westfriedhof.»

«Ja, danke. Ich werde da sein.» Der Hörer landete wieder auf die Gabel.

«Wer war's denn?», hörte er Susi fragen. Sie stand in der Schlafzimmertür und hatte sich die Decke um die Schultern gelegt. Die Haare standen zerzaust in alle Himmelsrichtungen und Reste ihres Make-ups hatten sich nachts über das Gesicht verteilt.

«Ich muss pissen», antwortete er und verschwand im Klo. Wenn er so unvermittelt aus dem Bett gerissen wurde, steckte immer noch ein Rest Müdigkeit in ihm, auch wenn er bereits seit Stunden wach gelegen hatte. Während er pinkelte, schloss er noch einmal die Augen und ließ seine Gedanken treiben. Als er die Spülung drückte, war ihm klar, er würde Constanze anrufen. Heute. Er wollte sie sehen. Wollte wissen, was sie tat, wie sie lebte.

«Wer war das? Hast du eine andere?»

«Was?» Paul war mit einem Mal hellwach. Sollte sie von Constanze wissen?

«Ich habe die Serviette in deiner Hose beim Waschen gefunden.» Paul zog seine Hose zurecht und setzte zum Gegenangriff an: «Durchwühlst du meine Taschen?»

«Du kannst ja gerne die ganzen weißen Flocken von deinen Sachen pulen, wenn ich es nicht mache! Ja, vor der Wäsche kontrolliere ich seit fünf Jahren unsere Hosentaschen. Die Serviette liegt im Schränkchen beim Waschmittel ... Es ist die Handschrift einer Frau.» Sie drehte sich um und tapste barfuß in die Küche. Paul folgte ihr und hielt sie am Arm. Sie blickte ihm tief in die Augen, setzte an, doch anstatt etwas zu sagen, schüttelte sie nur leicht den Kopf, senkte den Blick und löste sich aus seinem Griff. Anstatt Kaffee zu machen verschwand sie wieder im Schlafzimmer.

«Es ging um die Beerdigung.»

Nur wenige standen am Grab seines Vaters. Susi hatte sich geweigert und es Paul übel genommen, dass er hinging, aber zurzeit nahm sie ihm ohnehin alles übel, selbst das Atmen.

Während der Priester die Messe hielt, drehten sich Pauls Gedanken ausschließlich um das vergangene Wochenende. Das gemeinsame Frühstück in absoluter Stille. Er hatte sogar versucht, das Ei leise aufzuschlagen. Nur die Vögel und Autos waren hin und wieder zu hören gewesen. Sie hatte angestrengt auf ihren Teller oder daneben geblickt und Krümel mit ihrer Fingerkuppe eingesammelt.

«Es hat sich verändert, oder?», fragte sie mit einem Mal in die Stille, die sich um das Ticken der Küchenuhr gelegt hatte. Für einen Moment hatten sie sich tief in die Augen, in ihre Vergangenheit gesehen.

« Das Leben besteht aus Veränderung», hatte er achselzuckend zurückgegeben.

«Können wir gar nichts dagegen tun?» Wie ein plötzlicher Regenguss hatte die Stille alle möglichen Antworten hinweggewaschen. Pauls Kopf war leer. Für ihn gab es keine Worte mehr.

Susi hatte den Kaffee mit beiden Händen gehalten und ihren Blick durch die dunkle Flüssigkeit auf den Boden der Tasse gerichtet, der sich mühelos erkennen ließ.

«Sie haben sich nicht gut mit ihm verstanden, habe ich Recht?»

«Wir haben einander verabscheut. Ich habe ihn gehasst. Als Jugendlicher war dieser Hass die Flamme, die mich am Leben gehalten hat.»

«Quod me nutrit me destruit ...»

Paul und seines Vaters Freund hatten zu Fuß den Weg vom Friedhof zurückgelegt und ihre Erinnerungen an Werner Winter verglichen; wie ein Mosaik Steinchen für Steinchen aneinander gelegt. Nur war es oft so, dass zwei Teile an die gleiche Stelle zu gehören schienen, jedoch komplett gegensätzlich waren.

«... was mich nährt, zerstört mich. Auf Hass trifft das in jedem Fall zu, verzeihen Sie. Ich möchte nicht vorlaut erscheinen, mich nicht einmischen.»

«Schon gut.» Paul war es mittlerweile egal, ob er sich einmischte oder nicht. Im Moment war er froh über die Unterhaltung. Sein Vater war unter der Erde und mit ihm auch der Hass.

«Kommen Sie. Gehen wir nach Hause.» Paul musste beinahe lachen. Für einen Moment versammelten sich er und Susi zu einem Kammerspiel im Haus seines Vaters. Sie trug eine Kittelschürze und kochte, während er mit Pantoffeln an den Füßen im Wohnzimmer Zeitung las, eben ganz wie seine Eltern. Zuhause.

«Sie hatten Streit, nicht wahr?», mutmaßte Hufnagel.

«Ja.» Paul fühlte sich langsam wie ein gläserner Mensch. War er so leicht zu durchschauen?

Gemeinsam gingen sie zurück. Am Gartentor verabschiedeten sie sich voneinander.

«Wenn Sie erlauben, werde ich mich nachher auf ein Bier einladen. Ich denke, Sie sollten heute nicht alleine bleiben.»

«Ist recht, ich bin da. – Herr Hufnagel?»

«Ja?»

«Danke. Für alles. Sie waren in den letzten Tagen eine sehr große Hilfe. Und ich war nicht sehr dankbar.» Der alte Mann lächelte, als er seine Türe öffnete.

«Wenn das Bier schön kalt ist, ist das ein Anfang.»

Paul stand noch etwas in der grellen Mittagssonne und spürte die Hitze. Im Film hätte es jetzt geschüttet, ein Wolkenbruch wäre niedergegangen, mitten in Bayern. Zarte Streicher hätten eine Sonate in Moll gespielt, nur durch die Special-Effect-Blitze und den dröhnenden Donner unterbrochen. Im wahren Leben war es heiß! Trocken! Und keine Spur von Happy End in Sicht.

Paul wollte nicht alleine sein, doch auf die Gesellschaft seiner Freunde hatte er auch keine Lust. So entschloss er sich kurzerhand, noch einmal in Richtung Friedhof zu gehen. Na ja, eigentlich machte er einfach kehrt und flüchtete vor seiner Zuflucht im Haus seines Vaters. Aber wie es das Schicksal so wollte, lag auf diesem Weg der Westfriedhof.

Die Erde war noch frisch. An der Stelle, wo einmal der schwere Stein den Namen und das Leben dokumentieren würde, steckte nur ein kleines Holzkreuz, daran ein schwarzes Band mit goldenen Rändern und dem gestickten Spruch ‚Ruhe in Frieden'.

Paul hätte gerne einen Stuhl gehabt, sich gerne ans Grab gesetzt. Es war zum Verrücktwerden. Obwohl der alte Mann nun beerdigt war, fühlte Paul sich noch immer als kleiner Junge vor dem mürrischen Vater. Die Handflächen aneinander gelegt, tippten die beiden Zeigefinger in monotonem Rhythmus aufeinander. Er hielt die Hände vor sein Gesicht und drehte sich etwas von der glühenden Sonne fort, die vom Himmel auf ihn herabsah.

«Das ist es also? Das Ende ... Die Ärzte meinten, du wärst friedlich eingeschlafen. Weißt du, wie ich das nenne? Nein? Sich aus dem Leben stehlen! Ja, du hast dich davongemacht! Bist abgehauen. Aber das war ja schon immer deine Art gewesen. Wenn es Probleme gab, hast du dich verdrückt. Wie damals bei Mama.»

Er stand lange da, ließ sich von der Sonne blenden. Schweiß rann ihm über den Körper, doch dieses Mal war es nicht unangenehm. Es trennte ihn von seinem Vater. Er lebte, er schwitzte, während sein Vater unter ihm im Grab lag, kalt. Irgendwann begann er, auf und ab zu gehen und zu sprechen, leise, als spräche er zu sich selbst: «Weißt du, ich habe immer alles versucht, dich stolz zu machen. Aber nichts war dir gut genug. Wenn ich gut in der Schule war, hast du mich Streber genannt. War ich gut im Sport, hast du gesagt, ich würde mit fünfundzwanzig auf dem Abstellgleis landen, weil dann der Körper kaputt wäre. Als ich dann Leute verprügelt habe zum Spaß, da hast du mich zum ersten Mal wirklich bemerkt. Du hast lange mit mir gesprochen. Aber eigentlich hast du nur gefragt, warum ich so krank im Kopf wäre. Warum konntest du keine Liebe geben? Vater, nie bat ich dich um etwas, nie hast du mir etwas gegeben außer deiner Leere, deiner verdammten Leere, und die werde ich selbst noch mit ins Grab nehmen! Wegen dieser Leere in mir sehe ich mein eigenes Leben den Bach runtergehen. Du bist einfach der schlechteste und widerlichste Mensch, den ich kenne! Warum hast du mir und Mama dein und mein Leben nicht erspart?»

Mit einem Kasten Bier kam Paul schließlich in die Wohnung zurück. Die halbe Batterie landete gleich im Kühlschrank. Vorsichtig setzte er einen Fuß vor den anderen, durch das Chaos, das er vor wenigen Tagen erst angerichtet hatte. Noch immer lagen die Scherben auf dem Boden, zusammen mit den Gewürzen und den hölzernen Löffeln. Aber durch den intensiven Muskat roch es hier nicht mehr ganz so stark nach seinem Vater. Er schnappte sich den Besen und kehrte den Dreck etwas zur Seite.

Als er die Schlüssel aus der Hosentasche kramte, ertasteten seine

Finger das Handy. Es war ausgeschaltet. Er warf sich auf das alte Sitzmöbel im Wohnzimmer und drückte die PIN in die Plastiktastatur: 1472. Er musste lächeln. Susis Geburtstag, der 1. April.

Sie hatten sich noch während der Schulzeit kennen und lieben gelernt. Sie, die kluge Gymnasiastin, er, der laute Schulversager, der in der siebten Klasse auf die Realschule wechseln musste, weil die Noten zu schlecht waren und die Verweise zu zahlreich. Vor seinen Augen sah er die kleine Abiturientin auf der großen Abschlussfeier. Sie hatte ihr Blond mit einem dieser komischen Waffeleisen für Haare in totale Unordnung gebracht. Weil er sie ausgelacht hatte, wollte sie gar nicht hingehen. Sie hatte sich in ihrem Zimmer verbarrikadiert, und nur das Versprechen seinerseits, danach mit ihr abzustürzen und im Schwabmünchener Freibad eine nächtliche Nacktbadefeier abzuhalten, brachte sie wieder zum Vorschein.

Er hatte sie geliebt. Ja, wirklich geliebt. Wie sonst konnte man es erklären, dass er Wolfgang Früchtel einmal die Nase gebrochen hatte, als dieser Susis Dekolleté zu nah gekommen war. Aus dieser Zeit stammte auch noch das spezielle Verhältnis zwischen Paul und Susis jetzigem Arbeitgeber und bestem Freund ... und dessen dicker Nase.

Hufnagel holte ihn aus seinen Tagträumen zurück. Eigentlich war ihm noch immer nicht nach Gesellschaft zumute, aber er wollte nicht unhöflich sein.

«'n Abend. Kommen Sie rein. Sie kennen sicherlich den Weg ins Wohnzimmer.»

«Ja, danke. Und? Wie geht es Ihnen? Wieder etwas beruhigt, ja?»

«Es geht schon ... muss ja», zuckte Paul mit den Achseln. Der alte Kauz lachte.

«Das hat Ihr werter Vater auch immer gesagt ... Verzeihung, aber in gewissen Dingen sind Sie sich einfach ähnlich.»

«Das wollte ich eigentlich nicht hören.»

«Schon gut, beenden wir das Thema.» Die Couch krachte unter dem Gewicht des Mannes, als er sich niederließ.

«Bier?»

«Kalt?»

«Ja.»

«Gerne.»

Paul schlurfte in die Küche und stellte fest, dass er nicht wusste, wo die Biergläser standen. Er hatte bisher nur aus der Flasche getrunken und irgendwie war es ihm auch egal, aber er wollte dem Alten das Bier nicht auf Bauarbeiterweise reichen.

«Der linke Schrank über der Spüle ..., wenn Sie die Gläser suchen», schallte es aus dem Wohnzimmer.

«Danke.»

Sie stießen an.

«Sie sind Metzger?», begann der Alte das Gespräch mit Belanglosigkeiten.

«Ja, das heißt nein, nicht mehr. Ich habe gekündigt. Momentan ... hänge ich nur so rum.»

«In der heutigen Zeit nicht unbedingt eine weise Entscheidung. Da ist man doch froh, wenn man einen Job hat, oder?» Der alte Mann kramte eine Packung schwarzer Zigarillos aus seiner Westentasche, und als Paul auf seinen fragenden Blick hin nickte, zündete er sich einen an.

«Wissen Sie», begann er, «ich habe immer gearbeitet in meinem Leben, nur nie mit den Händen. Immer nur damit.» Er tippte mit dem Glas an seinen Kopf.

«Was haben Sie denn gemacht?»

«Ja, ich war Professor für Philosophie hier an der Uni.»

Paul musterte sein Gegenüber. Dieser alte Mann, der eher an einen Skattisch als in einen Hörsaal passte, war ein Philosoph?

«Ich weiß, das ist schwer zu glauben. Ich habe mich etwas gehen lassen. Sozusagen mein Leben in der Tonne aufgenommen.» Paul verstand nicht, nickte, und trank weiter.

«Erzählen Sie mal, wie ist das so? Sie machen sich doch bestimmt viele Gedanken, oder?»

Herr Hufnagel sah Paul durch den blauen Dunst an und lächelte.

«Ich hoffe doch, dass das jeder tut. Aber ich gestehe, dass ich mittlerweile nicht mehr so viel über alles nachdenke. Ich denke, das kommt mit dem Alter. Man hat einfach mit der Zeit gelernt, zu leben. Laisser-faire, die Dinge ihren Gang gehen lassen. Wissen Sie, die Welt dreht sich auch ohne einen weiter! Auch wenn man selber morgen die Augen nicht mehr aufmacht, wird die Sonne scheinen und irgendein Dummkopf aufstehen, der sich sicher ist, dass ohne ihn gar nichts läuft ... Was mich aber wirklich interessiert: Sie haben mir noch immer nicht gesagt, warum Sie mit Ihrem Vater in Streit lebten.»

«Er war ein Rindvieh!»

«Nun, Ihr Vater hat das Gleiche über Sie gesagt, vor allem dann, wenn Sie ihn gerade besucht hatten. Aber er sagte das in einem Ton, wie es ein Vater sagt, der selber einiges auf dem Kerbholz hat.»

«Tat er das?»

«Oh ja.» Hufnagel lachte laut auf. «Was haben Sie gegen Ihren Vater? Sitzt es denn so tief? Wissen, Sie, ich kenne den alten Kauz schon so lange, kenne ihn genau und das ist das letzte Geheimnis, was er schließlich mit ins Grab nahm ...»

Erst wollte Paul nicht antworten, doch die nette und offene Art des Alten und der fortschreitende Bierkonsum lockerten seine Zunge: «Wissen Sie, er war niemals zufrieden mir. Mit einem einzigen Wort, manchmal sogar nur mit einem Blick konnte er alles wegfegen und zunichte machen, was einem über die Jahre lieb und teuer geworden war! Ich war nicht gut in der Schule, also habe ich mir schnell einen Job gesucht, um zumindest eine Ausbildung vorzuweisen. Er hasste meinen Job. ‚Erst verprügelst du deine Schulkameraden und jetzt totes Fleisch! Was kommt dann?‘, hat er immer gesagt. Dann haben Susi und ich geheiratet und er sagte: ‚Diese kleine Hure kannst du auch billiger haben.‘ Er hat mir fünfzig Mark zugesteckt mit den Worten, mehr würde sie von ihm auch nicht bekommen. Trotzdem waren sie und ich glücklich. Wir gegen ihn, verstehen Sie? Und jetzt stirbt er an unserem fünften Hochzeitstag. Als hätte er es geplant ...» Paul starrte für einen Moment auf sein leeres Glas, dann nahm er die Flasche und setzte zu einem tiefen Zug an. Der alte Mann hatte still zugehört.

«Mein Name ist Alfons», sagte er dann und reichte seine Hand über den Tisch.

«Paul.»

«Na dann prost, Paul.» Wieder setzte er die Flasche an und war eigenartig gerührt von der Geste des Alten. Seine Augen brannten und er war sich sicher, es war der Rauch der Zigarillos. Seine eigenen Zigaretten waren alle und so probierte er zum ersten Mal in seinem Leben so eine Mini-Zigarre.

«Paul, ich möchte dir einen Rat geben: Die Toten werfen gerne ihre Schatten in das Reich der Lebenden. Aber wir sind es, die darüber entscheiden, ob wir in diesem Schatten verweilen oder nicht! Mach deine Ehe nicht abhängig von einem Datum. Dazu ist sie zu wertvoll!»

Kapitel 6

«Ich habe Angst vor solchen Menschen.»

«Vor welchen Menschen?»

Das Gespräch hatte sich, wie die Welt unter den Sternen, unter so ziemlich jedem Thema hinweggedreht, das zwei angetrunkene Männer sich nur irgendwie ausdenken konnten. Sie schwankten beharrlich zwischen Frauen und Alkohol, zwischen Kierkegaard und Jägermeister und kamen schließlich überein, dass Männer allein wegen der jährlichen ungenutzten Biogasproduktion umweltschädlich seien, was sie im Übrigen erschreckte und damit endete, dass sie sich gegenseitig versicherten, es müsse auch gute Seiten am Mann geben. Man werde das Thema in nächster Zeit noch einmal aufgreifen.

«Vor Gläubigen. Wenn ich sehe, wie selbstbewusst die Gläubigen sind, wie sehr sie in sich ruhen und wie sie nichts erschüttern kann, das macht mir Angst. Wie können diese Menschen nur auf Gott vertrauen?»

«Indem sie loslassen, keine Fragen mehr stellen und die Freiheit des Glaubens genießen. Du hingegen hast dir den Zynismus zur Maxime gemacht. Du glaubst an nichts, aber du findest gefallen daran, anderen zu zerstören, was ihnen Halt gibt. Dadurch sollen sie fallen, wie du.» Alfons zuckte mit den Schultern und grinste schief. Das Gespräch hatte sich über Stunden gehalten; immer wieder wusste der Ex-Philosophie-Prof Paul mit scheinbar neuen Weisheiten zu überraschen. Diverse Male ließ er die Unordnung im Flur und in der Küche – er hatte sie beim neuerlichen Bierholen gesehen – in die Konversation einfließen; vielleicht würde Paul sie ja wegmachen, dann hätte das Gespräch sogar noch einen erzieherischen Zweck erfüllt.

«Was weißt du schon?» Paul griff zu dem abgewetzten Kartenspiel auf dem Wohnzimmertisch. Darunter lag das braune Tagebuch seines Vaters. Schon als Kind hatte er diese Karten geliebt, aber nie damit gespielt. Er hatte sie aus der dunklen Schrankwand genommen und auf den Tisch gelegt. Doch die Geschichte ist bekannt.

Er mischte die Karten und zog die erste, sah sie sich an und steckte sie unter den Stapel der übrigen.

«Das Leben ist wie ein Kartenspiel. Wie ein Stapel Karten, der vor einem auf dem Tisch liegt. Man darf eine Karte ziehen. Vor seinem Auge hat man das Pik-Ass, die Herz-Königin oder eine andere gewichtige Karte ... ja vielleicht sogar den Joker. Aber sind wir mal ehrlich. Wer zieht schon diese Karte? Was bleibt uns also? Wir können an dem Stapel Karten vorbeigehen und nur davon träumen, die Trumpfkarte zu ziehen, oder wir ziehen tatsächlich eine Karte. Was davon das Richtige ist, weiß ich nicht. Ich weiß nur, dass ich meine Chance vergeben habe und ich wünschte mir, man würde mich nur eine einzige Karte ziehen lassen. Nur eine einzige! Und bei Gott, bei allen Wahrheiten in diesem Universum, bei allem, was mir je etwas bedeutet hat unter dem Zynismus: Ich hätte mich über jede Karte gefreut! Über jede! Warum? Ganz einfach. Weil ich nicht vorbeigegangen wäre, sondern gezogen hätte. Ich hätte gewählt, mich entschieden. Und was meine Entscheidung auch gebracht hätte, es wäre mein Leben gewesen. Mein Pik-Ass!» Alfons lehnte sich in die Couch zurück und besah sich die Bierflasche. Was er gesagt hatte, schien ihm plötzlich peinlich.

«Das klingt jetzt aber schon sehr nach Lotto, oder?» Paul legte das Kartenspiel wieder hin und lächelte, als er an die Karte dachte, die er gezogen hatte.

Als er mal wieder den Schlüssel in die gemeinsame Wohnung steckte, schallte ihm Sophie Ellis-Bextors Sophisticated Voice entgegen. Sie sang: «It's time to make my final move, cos I'm not happy...» Die Live-DVD war voll aufgedreht, so, dass das folgende Gitarrensolo die Boxen zum Dröhnen brachte. Seltsamerweise beruhigte ihn das. Das zeigte ihm, dass Susi noch nicht alles egal war. Außerdem kam danach ein schöner Tanzsong und der stimmte seine Schöne immer milde.

Der Tag war noch jung. Die Morgensonne tauchte die Häuser vor den Fenstern in funkelndes Gold, als wäre hier der Beginn des Regenbogens.

Er legte seine Schlüssel in die kleine Schale auf dem Schuhregal im Haus am Regenbogen und zog seine Schuhe aus. An der Innenseite löste sich bereits das dünne Billigleder ab.

«Hallo.»

Sie schaltete den Fernseher leiser und sah ihn ausdruckslos an. Er suchte nach irgendeiner Emotion, Hass, Liebe, Sehnsucht, Verzweiflung, Hunger ... aber da war nichts. Nur hinter den Augen war etwas Trauriges. Nicht viel und ziemlich weit hinten. Er setzte sich zu ihr auf die Couch. Nach dem Gespräch mit Alfons vorgestern war ihm nicht besonders nach einem weiteren Gespräch, aber er dachte, es könnte vielleicht helfen.

Sein Blick schweifte über die weißen Wände, die mit einem Mal gar nicht mehr so weiß wirkten. Er sah die Zeichen eines unbekümmerten Lebens. Ein paar tote Fliegen, beziehungsweise deren sterbliche Überreste, Spuren von Fingern oder die nachlässig verspachtelten Löcher der Vormieter. Und mit Ausnahme der Filmplakate waren die Wände auch nach vier Jahren kalt und kahl. Eines davon war ,Verrückt nach Mary'.

«Du warst lange weg», wagte sie einen Anfang.

«Ich musste nachdenken. Am Montag war ja die Beerdigung.»

«Ja, ich weiß.» Ihr Blick glitt in die Leere des Fernsehers, als sähe sie dort noch immer Sophie tanzen.

«Aber du warst nicht da.» Sie senkte den Blick in einer Mischung aus Trotz und Schuldgefühl: «Ich habe keinen Grund gefunden, warum ich hätte kommen sollen.»

«Vielleicht, weil ich dich brauchte? Weißt du, er ist vielleicht ein Arschloch gewesen, aber er war trotzdem mein Vater. Und jetzt ist er tot.»

«Ja, gestorben an unserem fünften Hochzeitstag.»

«Lass das bitte mal für einen Augenblick aus dem Spiel, ja! Ich fühle mich momentan einfach ziemlich beschissen.» Er zögerte und hatte plötzlich einen Kloß im Hals. «Und es hätte mir gut getan, wenn du dabei gewesen wärst.» Sie senkte den Blick kurz, dann wanderte er zum Titanic-Poster. Er folgte ihren Augen und wusste, dass sie jetzt an diese tragische Liebesgeschichte dachte. Ja, so etwas hatte sie sich gewünscht. Und was hatte sie bekommen? In ihrer Geschichte war der Freund noch am Leben und ein Eisberg nicht in Sicht. Oder war am Ende sogar Paul der große massive Berg aus Eis?

«Er war ein Arschloch», motzte sie.

«Ich widerspreche dir doch nicht! Aber trotzdem tut es irgendwie weh. Ich weiß doch auch nicht so richtig.»

«Ich kann mit so was nicht umgehen.»

«Womit?»

«Halt mit so was wie Beerdigungen. Da ist immer so miese Stimmung.»

«Ja glaubst du denn, ich kann das? Habe ich etwa einen VHS-Kurs gemacht, ‚Wie bringe ich meinen Vater unter die Erde'?» Doch dann musste er grinsen. Solche Äußerungen, das war eben seine Susi!

«Weißt du, wenn ich nicht daran denke, dann funktioniert es irgendwie …» Sie sah ihn entschuldigend an und schlug die Augen auf wie eine blonde Lolita: «Willst du Sex?»

«Das ist immer dein Friedensangebot: Sex.»

«Das funktioniert doch auch gut, oder nicht? Das schweißt zusammen.» Sie rutschte ein Stück näher und wollte Paul gerade verführerisch über das Gesicht streichen, aber er wehrte ab.

Paul seufzte schwer. Er suchte nach den richtigen Worten, fand aber keine eigenen, die ausdrücken könnten, was er zu sagen hatte. Nur Hülsen, die er wie ein paar Schuhe anziehen würde, um festzustellen, dass es nicht seine eigenen waren. So machte er den Mund auf und wieder zu, ohne auch nur einen Ton zu sagen.

«Mir geht es nicht um Sex», sagte er schließlich.

«Ach nein? Um was dann?»

«Ich weiß nicht, wie ich es sagen soll.»

«Dann sag es nicht.»

«Aber ich will es sagen. Das macht mich wahnsinnig … Komm her, halt mich einfach fest.» Er streckte seine Arme nach ihr aus und sie nahm die Einladung an.

Für beide dauerte es Ewigkeiten, ehe sie sich wieder lösten, auch wenn der Sekundenzeiger nicht einmal eine Runde vollendet hatte. Doch nach ihrer Ewigkeit war alles anders. Beide wussten es, denn sie konnten es in den Augen des anderen sehen. Was vergangen war, war fort, die Zukunft, unwichtig, weil noch nicht da. Doch das Hier und Jetzt zählte, zum allerersten Mal in ihrem Leben. «Lass uns heute Abend etwas essen gehen, okay?»

«Ja. Ich komme gegen halb sechs von der Arbeit. Wenn wir so um sieben gehen?»

«Ist gut.»

Sie stand auf und räumte die DVD in die Schublade unter dem Fernseher. «Ich muss jetzt los. Kommst du ... ich meine, schaffst du das ... alleine?»

«Ja. Es geht schon. Die Beerdigung ist ja erledigt.»

Ein flüchtiger Kuss auf seine Wange, dann war sie verschwunden. Im Flur ging sie an den nackten Wänden vorbei, zog ihre Schuhe an und verschwand, ihrer Handtasche folgend, durch die Türe. Wieder war Paul alleine, aber dieses Mal war er nicht einsam. Auch wenn das Gold des Regenbogens verschollen war, würde nun doch alles gut, dachte er bei sich. Sie bekämen das schon in den Griff.

Er war müde, schlurfte ins Schlafzimmer und freute sich auf sein eigenes Bett. Die Couch seines Vaters war nicht unbedingt angenehm, aber in dessen Bett wollte er sich auf keinen Fall legen. Da hatte der Alte drin gelegen und da war er auch gestorben! Jeden Tag ein Stück! Die Tatsache, dass er im Sessel den letzten Schritt tat, war für Paul blanke Ironie: Aufgestanden, um zu sterben!

Wie der heimgekehrte Sohn warf er sich auf sein Bett und erwartete den Schlaf des Gerechten, aber der kam nicht. Er machte die Augen zu und versuchte sich übermannen zu lassen, doch niemand kam, ihn zu übermannen. Paul war alleine.

Nach einer halben Stunde des Hin- und Herwälzens stand er wieder auf und schleppte sich zurück in die Küche. Dann eben Zeitung lesen.

Die letzten beiden Tage erschienen Paul wie ein Traum. Der Ärger mit Susi hatte sich in einer langen tiefenpsychologischen Sitzung unter Einbeziehung von Traumdeutung und einiger Stellungen aus dem Kamasutra im gemeinsamen Schlafzimmer aufgelöst. Und als sie zum vierten Mal die Stellung wechselten, schweißgebadet und willens, sich gegenseitig den gesamten angestauten Frust der letzten fünf Jahre aus dem Körper zu vögeln, fühlte sich Paul glücklich.

Er verschwendete keinen Augenblick an die Frage, ob er glücklich war oder nicht, er war es einfach. Er liebkoste seine dralle Frau, liebte es, wenn ihre Brüste seinen Körper berührten und genoss es inniglich, tief in ihr zu sein, ganz nah bei der Wärme.

Später unter der Dusche konnten sie nicht aufhören, sich zu necken, und so wurde der eigentliche Zweck der Reinigung zur Nebensache erklärt und das liebestolle Paar ließ ihren Trieben erneut freien Lauf.

Irgendwann saßen sie gemeinsam am Küchentisch. Sie waren völlig ausgelaugt. Susis Rundungen waren in einen hellblauen Bademantel gehüllt, ein grell-gelbes Handtuch auf dem Kopf. Paul war im Jogginganzug, die Haare noch feucht glänzend, zum Igel aufgestellt.

«Ich liebe dich», flüsterte sie ihm mit einem gehauchten Kuss zu. Paul lächelte, fing das zerbrechliche Geschöpf mit beiden Händen behutsam ein und drückte es sanft an sein Herz.

«Soll ich uns Frühstück machen?», grinste Paul breit, nach einem Blick auf die blauweiße Uhr. Sie zeigte nicht ganz halb fünf am Morgen. Sie waren nicht müde, trotz des Umstandes, kein Auge zugemacht zu haben, aber zum Aufstehen war es doch noch viel zu früh!

«Paul, ich muss doch nachher arbeiten. Ich sollte noch etwas schlafen», schmollte sie.

«Ruf doch einfach an, dass du dir heute frei nimmst, er wird's schon verstehen, wenn du einmal nicht kommst. Ich mache jetzt auf jeden Fall Frühstück, mit frischen Brötchen aus dem Ofen, gekochten Eiern, Aufschnitt und Salat.»

Allein bei dem Gedanken lief Susi das Wasser im Munde zusammen und plötzlich machte sich ein wahnsinniger Hunger in ihr breit. Sie waren am Abend zuvor doch nicht essen gegangen, denn Susi hatte sich direkt nach der Arbeit noch im Flur entblößt und nackt Pauls abwehrende Haltung Sex gegenüber, na ja, weggeblasen.

Also nahm sie sich vor, den heutigen Tag blauzumachen und nur mit ihrem Schatz zu verbringen.

«Okay, ich mache den Salat.»

Langsam kehrte Leben in die Straßen vor den Fenstern ein und die Sonne flutete die Küche mit ihrem feuerroten Licht, als sich beide an den reich gedeckten, wenn auch mit einem Stück Pappe stabilisierten, Tisch setzten.

«Heute ist ein guter Tag», schmatzte sie zufrieden in ihr Marmeladenbrötchen. Er nickte. Nach einem Schluck heißen Kaffees sprang er auf und ging zur Tür. Vielleicht war die Zeitung ja schon da. Und wirklich, da lag sie, auf der Fußmatte, die Druckerschwärze noch frisch, die Neuigkeiten nicht mehr so ganz, aber dafür gefüllt mit Augsburger Lebensfreude – sofern es so etwas überhaupt gab. Die Augsburger wehrten sich noch immer gegen die Aphrodite, las er da. Hm, wie konnte man sich gegen eine Liebesgöttin nur verwehren? Paul grinste über das ganze Gesicht. Er hatte seine Liebesgöttin bereits gefunden.

Wieder in der Küche warf er die Zeitung auf die Fensterbank, zwischen Grünlilie und Bogenhanf, und küsste seine Schöne zärtlich. Beinahe automatisch wanderte seine Rechte unter ihren Bademantel.

«Dein Bademantel ist sexy. Der gehört verboten.» In gestelztem Offizierston sprach er weiter: «Ich kann nicht dulden, dass Sie weiterhin mit einem solchen Kleidungsstück die frischen Brötchen verunsichern», scherzte er.

Sie lächelte und drückte ihre Brüste in den Ausschnitt. Dieses Angebot konnte niemand ablehnen. Paul schon gar nicht. Und weil der Weg ins Schlafzimmer mit einem Mal unendlich weit schien, musste das wunderbar hergerichtete Frühstücksbüfett dran glauben und der körperlichen Liebe weichen. Ab und zu mussten die beiden allerdings kurz unterbrechen, da entweder sie sich in die Erdbeermarmelade gelehnt hatte, oder er im Brotkorb saß und sich immer wieder Krümel in die Kimme verirrten.

Als sie erschöpft nebeneinander saßen und darüber scherzten, wer nun den Küchentisch aufräumen sollte, wurde Paul mit einem Mal melancholisch. Das Ticken des Sekundenzeigers drang immer deutlicher an sein Ohr und machte ihm mit einem Mal klar, dass dieser Moment, dieser Augenblick vergehen würde, wie alle anderen zuvor. Diese Harmonie, in der ihre beiden Seelen in Einklang schwangen, würde verblassen. Und schon kurze Zeit darauf würden sie sich wieder anblaffen, Vorhaltungen machen und damit auch verleugnen, dass es diesen Moment überhaupt gegeben hatte.

Aus traurigen Augen sah er sie an und nahm ihre Hände in die seinen. Dann sah er das Verstehen auch in ihren Augen, oder er glaubte es zumindest zu sehen. Nur einen kurzen Augenblick, dann war es vorbei.

«Ich räume den Tisch ab. Ruh dich aus», sagte er zu ihr.

«Es geht schon», meinte sie lakonisch. Und in Gedanken begann sie sich schon wieder zu ärgern, aber es war ein matter, kraftloser Ärger. Wie schaffte er es nur, ohne ein Wort, den romantischsten Augenblick seit über zwei Jahren einfach wegzuwischen? Sie griff nach dem Rest der Marmelade, schraubte den Deckel drauf und hielt sie vor die Brust.

Er gab nach, erhob sich stumm und schlenderte ins Bad. Während sie Milch, Wurst und Käse zusammenräumte, hörte sie, wie er im Stehen pinkelte.

«Setz dich hin!», rief sie und ihr entglitt der Maasdamer. Mit einem dumpfen Klatschen landete er auf dem Fußboden und lächelte Susi durch seine Löcher an. Würde Paul sich irgendwann einmal ändern? Im Sitzen pinkeln? Sie ewig lieben?

«Paul?»

«Was?», kam es aus dem Bad.

«Weißt du noch, was du mir in der Schule versprochen hast?»

«Hm?» Er schüttelte ab.

«Du hast mal gesagt, dass du mir ein Haus auf dem Mond bauen würdest!»

«Hab ich?» Er drückte die Spülung und stellte sich in die Küchentür.

«Ja, das hast du! Das stand in dem einzigen Liebesbrief, den ich von dir bekommen habe. Ich habe es schwarz auf weiß!» Das kecke Lächeln misslang und wirkte eher verzweifelt, fast so, als wolle sie dieses Versprechen einfordern wollen.

«... und so einen Unsinn hebst du natürlich auf.» Er kratzte sich etwas verlegen am Kopf, während sie den Tisch abwischte. Sie hatte da ihre eigene Methode. Während sich viele mit Schwamm und Spülmittel dusselig schrubbten, nahm sie Fensterreiniger und Küchenrolle. Das ging schneller.

«Das war kein Unsinn!», erwiderte sie, als sie sich gerade über die gesamte Länge des Tisches beugte, um auch die Ecken zu erwischen. Dass ihre Brüste dabei wieder aus dem Ausschnitt lachten, merkte er dieses Mal nicht.

«Wie du meinst. Und was willst du jetzt von mir? Soll ich ein Haus auf dem Mond bauen, oder was?»

«Das wäre ein Beweis deiner Liebe.»

«Ach komm, wie soll denn das gehen?»

«Wenn du mich liebst, lässt du dir etwas einfallen», gab sie schnippisch zurück.

Paul zuckte mit den Schultern und ging ins Wohnzimmer. Auf dem Sofa machte er die Augen zu, um etwas zu dösen. Schließlich wollte er doch schlafen. Er war hundemüde. In dieser Hinsicht hatte er bei Susi kein Pardon zu erwarten. Sie war sehr schwer zu befriedigen und Sex mit ihr artete immer in Schwerstarbeit aus: Leistungssport. Er war einfach fertig! Selbst der verfluchte Thermostat konnte ihn nun nicht mehr am Schlafen hindern.

Als Susi ihm wenige Minuten später folgte – die Küche war mittlerweile wieder blitzeblank –, schnarchte Paul im Wohnzimmer. Mit Nachspiel oder Kuscheln war jetzt wohl nichts mehr. Ein Blick auf die Uhr, es war viertel nach neun. Sie würde nur etwas zu spät zur Arbeit kommen und Wolfgang erzählen, sie hätte eine Panne gehabt.

Als er aufwachte, war Susi fort. Ein Anruf bei ihrer Arbeitsstelle bestätigte seine Vermutung. Ihm war langweilig. Was sollte er tun? Und wie ein Kind, das man unbeaufsichtigt ließ, spielte er mit dem Feuer. Genauer gesagt, er besuchte es.

Das Firmenschild einer Agentur prangte neben der schweren Holztüre. Er klingelte und eine Dame in einem hübschen Lackkostüm öffnete ihm die Türe.

«Ja bitte?»

«Guten Tag. Ich möchte gerne Constanze sehen.»

«Ich glaube, sie hat gerade einen Kunden. Haben Sie einen Termin?»

«Nein, ich bin Paul.»

«Moment bitte.» Sie schloss die Türe wieder, und gedämpft hörte Paul das Klacken der hohen Absätze, als sie sich entfernte. Es dauerte etwas, doch dann stand Constanze im Kimono vor ihm, die Haare mit Essstäbchen zu einem Turm hochgesteckt.

«Hi. Hast du den Weg also doch gefunden.»

«Ich wollte dich sehen.»

«Oh, das wollen viele», grinste sie und hielt dabei mit beiden Händen den Kimono fest, als verberge sie mehr darunter als ihre einladenden Formen.

«Hast du Zeit?»

«Nicht sofort, aber in einer halben Stunde. Ich muss noch arbeiten. Möchtest du warten?» Paul nickte und ließ sich von ihr zu einer kleinen Sitzgruppe leiten. Dort Platz genommen, drückte Constanze ihm einen Kuss auf die Wange und verschwand.

«Halbe Stunde», wisperte sie noch kurz, dann schlug eine weiße Tür hinter ihr zu.

Und wirklich, sie hielt Wort. Eine halbe Stunde später stand sie vor ihm, in einem aufreizenden Schlauchkleid. Es war vielleicht etwas zu viel Schminke, aber Paul gefiel es dennoch. Sie lächelte frech, die Sporttasche lässig über der Schulter, die freie Hand in die Hüfte gestemmt, und hauchte: «Zu dir oder zu mir, Cowboy?»

Paul dachte kurz nach. Vor heute Abend, würde Susi nicht nach Hause kommen.

«Zu mir.»

«Es war eine rein rhetorische Frage. Ich wohne noch bei meinen Eltern», lachte sie.

Im Auto machte sie das Radio aus und sah ihn von der Seite an. Das verunsicherte ihn so sehr, dass er an der nächsten Kreuzung den Wagen abwürgte und schließlich fragte, warum sie ihn so anstarrte.

«Du hast immer noch nicht erraten, welchen Beruf ich habe, oder?»

«Oh, ich weiß es. Ich bin ja nicht blind. Das war ein Bordell, richtig?»

Ihr triumphierendes «Nein!» brachte ihn aus der Fassung. Er dachte kurz nach.

«Aber es ist etwas Ähnliches», half sie ihm.

«So einer von den SM-Läden?»

«Das heißt Domina-Studio ... nicht deine Baustelle, oder?»

«Keine Ahnung. Ich steh nicht so aufs Verhauen und Stiefellecken.»

«Auf was dann? Halt, das klären wir später, sonst verlierst du deine heiße Spur. Also, was bin ich?»

«Eine Domina.» Es war mehr eine Frage als eine Feststellung und dementsprechend schüttelte sie lachend den Kopf.

«Eine ... wie heißt das, Helferin, äh, Assistentin?»

«Na dran, aber du errätst es doch nicht.» Sie schmollte übertrieben.

Paul starrte sie für einen Moment lang an und hätte dabei beinahe einen von Augsburgs zahlreichen Pollern umgefahren. Die Reifen und eine ältere Dame quietschten, als Paul das Auto zum Stehen brachte. Constanze amüsierte sich köstlich. Sie quiekte so vergnügt wie ein kleines Kind und in diesem Moment verlor Paul sein Herz an sie. An ihre Unbekümmertheit und an ihr Geheimnis.

Als sie zu Hause waren, huschte sie schnell durch alle Räume, noch ehe Paul seine Schuhe ausgezogen hatte und von überall hörte er ein «Oh, das ist schön!» oder «Gehört das deiner Frau?». Dann war es still. Auf Strümpfen machte er sich auf die Suche nach seinem Date. Im Schlafzimmer schließlich fand er sie. Als sie sich aus dem Schlauchkleid schälte und Paul die frischen roten Striemen auf Rücken und Hintern sah, wusste er es plötzlich: ,Sklavin Constanze'. Nackt stand sie vor dem Bett, angeleuchtet von der milchig weißen Lampe. Vor dem Bett, das Susi und er vor so langer Zeit gekauft hatten.

«Was willst du?», wollte sie wissen, als sie ihn von unten herauf ansah.

«Nur dich», flüsterte er.

«Und ich werde dir so viel mehr geben. Glaube mir, wenn du mit mir schläfst, wird es so sein, als gehöre dir die Welt ..., denn das gesamte Universum schrumpft zu meinem dich begehrenden Leib. Und wenn dir einmal die Welt gehört, willst du sie nie wieder aus den Händen geben ... Na komm, lass uns ficken!» Sie schwang sich auf die Matratze und erwartete ihn, «Ich zeig dir mal, was man im Bett so alles machen kann.»

Kapitel 7

Der Akt war kurz und endete unrühmlich, ein Coitus interruptus sozusagen, ausgelöst durch das Klappern des Schlüssels an der Wohnungstüre. Paul war noch nicht aus Constanze raus, da war Susi schon im Zimmer. Er drehte sich um und erwartete, dass seine Frau das Liebespaar aus der Wohnung prügeln würde. Seltsamerweise sagte sie nichts. Sie schloss die Tür hinter sich und ließ die beiden alleine.

«Und? Willst du weitermachen?» Constanze lächelte ihn an und ließ verführerisch ihr Becken kreisen. Ihre Hände fingerten nach seiner schrumpfenden Erektion. Mit einem Mal fühlte sich Paul sehr klein.

«Kannst du bitte gehen?»

«Willst du mir die Schuld geben? Denk mal drüber nach, Cowboy!»

«Ich gebe dir keine Schuld. Nur kann ich schlecht zu Susi gehen und mit ihr reden, sorry sagen, wenn du nebenan liegst und darauf wartest, dass ich dich zu Ende besteige!»

«Klar, das leuchtet ein.» Wieder grinste sie breit, drückte ihm einen Schmatzer auf die Wange und hüpfte vom Bett. In ihrem Gesicht sah Paul nur diese unglaubliche Unbekümmertheit, keinen Groll, kein schlechtes Gewissen. Gekonnt schlüpfte sie in ihre Kleider und wenige Minuten später war sie verschwunden – als wäre sie nie hier gewesen. Doch Paul und Susi wussten, dass es anders gewesen war.

Er fand seine Frau in der Küche, wo sie vor dem offenen Kühlschrank saß und in kurzer Folge zwei Gläser von dem widerlich süßen Himbeerlikör hinunterschüttete.

Er wagte nicht, sich ihr weiter zu nähern, also blieb er im Türrahmen stehen. Der sicherste Platz im Haus bei einem Erdbeben. «Der Kühlschrank geht kaputt, wenn du die Türe offen lässt», sagte er.

Sie trat gegen die Türe und mit einem ,Flap!' schlug sie zu. Die Flaschen im Inneren klirrten gefährlich. Paul wusste, was zu tun war. Aber er war nicht fähig, es zu tun. So blieb er weiter angewurzelt stehen und betrachtete sie. Nach einer Ewigkeit stand sie auf, ging an ihm vorbei, die Flasche noch in der Hand. Sie sah ihn nicht an. Ihr Blick streifte nur den Boden und seine herabhängenden Arme.

«Wenigstens hast du den Ring ausgezogen.»

«Ich bin ständig den falschen Träumen nachgejagt. Es waren nicht meine eigenen. Ich habe nur versucht, anderen zu gefallen und konnte mich dabei immer weniger leiden. Warum ich mit ihr geschlafen habe? Weil sie ein geiler Feger ist. Warum ich es nach der Versöhnung mit Susi gemacht habe? Das weiß nur der Herr im Himmel.» Er setzte das Bier an und leerte das Glas in einem Zug. Sein Freund sah aus, als hätte bei ihm der Blitz eingeschlagen und die Gesichtszüge gelähmt. Starr schaute er Paul an und versuchte unter der Haut die Wahrheit zu erhaschen.

«Ich verstehe es nicht.»

«Ich doch auch nicht, verdammt noch mal!» Als er merkte, dass er wohl etwas zu laut geworden war und die bösen Blicke bemerkte, suchten seine Augen die Kellnerin und mit einer knappen Geste bestellte er noch ein Bier.

«Hat sie dir eine Szene gemacht?» Bert konnte die Geschehnisse nur mühsam unter einen Hut bringen. Er tat sich vor allem schwer, das Erzählte als real zu begreifen. Für ihn klang es wie aus einem Film.

«Das ist ja das Schlimme: Nein! Sie hat uns erwischt und sich dann in die Küche verzogen ... Scheiße!»

Bert schüttelte den Kopf. Er hoffte, dass er bald aus diesem Traum erwachen würde. ‚Aprilscherz!' würden sie alle rufen und lachen, dann zusammen einen trinken. Aber es war Ende August.

Paul dachte nicht in diesen Bahnen. Für ihn war es nur zu echt. Die Gedanken und das Geschehene schnitten tief.

«Du solltest nicht hier sein, sondern bei ihr!», sagte Bert schließlich und versteckte sich schnell hinter seinem Glas.

«Das weiß ich, aber ich mache es nur noch schlimmer.»

«Manchmal müssen Dinge schlimmer werden, bevor sie besser werden ... Du hättest den Job in der Metzgerei nicht schmeißen sollen. Damit hat alles angefangen.»

«Aber das habe ich doch nur für dich gemacht!»

«Ich weiß. Es tut mir Leid.»

Es war ein offenes Geheimnis gewesen, dass Berts Vater in fachlichen Dingen Paul immer seinem eigenen Sohn vorzog. Doch nach seiner Kündigung war die Rivalität mit einem Schlag beendet.

Wieder trennten sich die beiden, ohne dass Paul sich besser fühlte. Bert hatte ihm nicht helfen können. Scheiß Bert! Wozu hat man denn Freunde, wenn die nicht wieder gradebiegen, was man verbockt hatte? Betrunken wollte er nicht nach Hause.

«Du denkst wohl, mit Alkohol kannst du alle Probleme lösen, oder?», würde sie sagen. Das wollte er nicht. Also schlich er sich in sein Refugium, in die Wohnung seines verstorbenen Herrn. Er hatte Mühe, den Schlüssel in die Öffnung zu stecken, und das machte ihn wütend. Er stampfte mit dem Fuß auf und fluchte in einer Lautstärke, die der Uhrzeit nicht angemessen war. Er drehte sich um die eigene Achse und warf den braunen Blumentopf von seinem Sockel.

Als sich die Tür endlich öffnen ließ, ging an der Nachbartür das Licht an. Alfons, mit einer lächerlichen Zipfelmütze auf dem Kopf, blickte verschlafen in die Nacht.

«Paul? Was soll der Lärm?»

«Ich habe mit Constanze gefickt!», schrie Paul. «Jawohl, ich hab sie genagelt! Und meine Frau, die auch. Nur Constanze habe ich nicht zu Ende gefickt! Da kam dann meine Frau!» Er lachte laut über das ungewollte Wortspiel, verlor das Gleichgewicht, drehte sich noch einmal um die eigene Achse und kippte schließlich in Richtung Blumenbeet.

Hufnagel griff blitzschnell zu.

«Du hast wohl zu tief ins Glas geschaut? Komm erst mal rein. Sonst musst du gleich noch alles der Polizei erklären und ich denke nicht, dass du dazu in der Lage bist.» Der alte Mann verfrachtete Paul in die Winter'sche Wohnung und setzte ihn dort in den alten Sessel seines Vaters. Einen Moment später kam er aus der Küche mit einem Glas Wasser zurück.

«Hier, trink!»

«Was ist das?»

«Es wird dir gut tun.» Das stellte den Angetrunkenen zufrieden und er kippte die klare Flüssigkeit hinunter. Laut schmatzend hielt er das Glas neben den Tisch und ließ es fallen, während er versuchte, den Geschmack einem Getränk zuzuordnen.

«Das ist aber kein Wodka», stellte er trocken fest.

«Paul, jetzt reiß dich mal zusammen. Was ist denn los?» Hufnagel setzte sich neben den Sohn seines Freundes und sah ihn an.

Es dauerte einige Zeit, bis er die wichtigsten Informationen aus Paul herausgekitzelt hatte. Doch als sich das Mosaik langsam der Vollständigkeit näherte, wurde er sehr ernst. Er nahm die Zipfelmütze ab und kratzte sich die letzten Haare am Kopf.

«So fing es bei deinen Eltern auch an», sagte er. Pauls Augen schienen mit einem Mal klar. Als hätte ihm jemand die passende Brille aufgesetzt. Er erhob sich schwerfällig und baute sich vor dem alten Mann auf.

«Ich bin nicht mein Vater!» Paul spie jede einzelne Silbe aus wie Gift und Galle, die er etwas später auf dem Weg zum Klo tatsächlich erbrach.

«Hast du dich etwas beruhigt?», fragte Alfons, als Paul, das Gesicht noch nass vom Wasser und ein Handtuch über den Schultern wie ein Boxer, vom Gäste-WC zurückkam. Er fühlte sich schlechter als jemals zuvor und doch etwas besser als vorhin, da er seinen eigenen Gedanken wieder besser folgen konnte. Er hatte keine technische Niederlage erlitten, es war ein klassischer K.o. Der Rausch war verflogen – das klang in seinen Gedanken wie das Credo der letzten Tage: Der Rausch war verflogen.

«Es geht wieder. Danke.»

«Ich habe es nicht so gemeint.»

«Schon gut.» Er warf das Handtuch über die Lehne der Couch. «Was war zwischen meinen Eltern? Hast du meine Mutter noch gekannt? Ich meine, bevor ...»

Alfons schüttelte den Kopf.

«Nein. Ich weiß nur, dass dein Vater an seinen eigenen Vorwürfen beinahe zugrunde gegangen ist. Er hat darunter und natürlich auch unter deinen Vorhaltungen sehr gelitten. So sehr, dass es sich in physischen Schmerzen äußerte.»

«An Schmerzen gewöhnt man sich.»

Wieder schüttelte Alfons den Kopf. «Es gibt keinen Schmerz, an den du dich gewöhnst. Er ist immer da, egal ob stechend, pochend oder ziehend. Hast du schon einmal richtige Zahnschmerzen gehabt? Du gewöhnst dich nicht an den Schmerz ... Der Schmerz gewöhnt sich an dich!»

Darauf wusste Paul nichts zu erwidern. «Wie wird es weitergehen?», sagte er schließlich mehr zu sich selbst.

«Das musst du jemand anderes fragen. Wen, musst du entscheiden. Aber ich an deiner Stelle würde hier zuallererst endlich mal aufräumen.»

«Ist das die Antwort des Philosophen?»

Da musste der Professor lachen. Schallend schlug er die Hände zusammen und wirkte für einen Moment deutlich jünger. «Nein, mein Freund, die Antwort des Hausmanns! Die Liebe ist das einzige Problem, das von Philosophen weder erklärt noch gelöst werden kann ... und soll! Einer meiner Studenten sagte immer: ‚Du kannst niemandem trauen, der fünf Tage lang blutet, aber nicht stirbt.‹»

Nun lachte auch Paul, obwohl er eigentlich nicht wollte.

«Sind das die Erkenntnisse eines Philosophieprofessors?»

«Nein, die eines Mannes, der die Frauen nicht verstand.» Als sie sich beruhigt hatten, wurde Hufnagel wieder ernst und sah Paul aus seinen alten Augen an: «Paul, wie ist es, verliebt zu sein?»

«Unbeschreiblich. Ich meine, du bist fünf Jahre mit ein und demselben Menschen zusammen, Tag um Tag ... und dann kommt ein Sturm in mein Leben, der alles hinwegfegt. Ich glaube, nein, ich befürchte, dass es das Falsche war, und doch das Einzige, was für mich zählte in diesem Moment.»

«Paul, du musst mit ihr reden.»

Er nickte und erhob sich etwas verlegen. «Und wieder muss ich danke sagen.»

«Oh, du musst gar nichts.»

«Aber ich will.»

«Dann ist es in Ordnung. Aber dann brauchst du es nicht zu sagen. Dann habe ich es gern getan. Du wirst aber heute nicht mehr Auto fahren, oder?»

«Ich gehe zu Fuß. Dann kann ich noch etwas nachdenken. Die frische Luft wird mir gut tun.»

Er spazierte durch die dunkle Stadt und fühlte sich trotz der Promille, die es vor dem Erbrechen in sein Blut geschafft hatten, völlig klar. Eine leichte Brise schlich zwischen den Häusern entlang und brachte frische Luft. Auch roch man das Ozon nicht mehr so stark, wie noch vor ein paar Stunden.

Ein Jahrhundertsommer, sagten die Meteorologen, noch nie so viel Sonnenschein, noch nie so trocken und heiß. Es war schon eine verrückte Welt, eine verrückte Zeit, in der er lebte, dachte Paul. Des Nachts war Augsburg eine Schönheit mit ganz eigenem Charme. Wie ein Mauerblümchen zierte sie sich nach Einbruch der Dunkelheit, wollte nicht dabei ertappt werden, dass sie noch nicht schlief. Doch wenn man genau hinsah, war sie tief wie ein dunkler ruhiger Bergsee. Das Licht pulsierte aus Kneipen und Nachtclubs, und auch wenn kaum jemand auf den Straßen anzutreffen war, Augsburg amtete das Leben.

Keine Weltstadt wie Berlin, aber ein Weltdorf. Ein Nest, das seine besten Zeiten bereits hinter sich hatte, uralt, aber wie ein reifes Weib voller Weisheit und Erfahrung. Diese Beschreibung passte auch auf Constanze, musste Paul zugeben. Bis auf das Alter natürlich. Sie war wie ein Chamäleon im Bett: Hure, Heilige und noch vieles mehr. Er hatte diesen Sex genossen wie keinen anderen in seinem Leben, obwohl er nicht einmal abgespritzt hatte. Sie hatte ihn zur Höchstform getrieben und er hatte dabei gar nicht gemerkt, wie sehr er sich auf ihr Spiel eingelassen hatte.

Ob Paul wollte oder nicht, er musste grinsen, mit dem Mund und der Hose. Sie war schon ein geiles Miststück. Das Handy an einem Ohr lauschte er mit dem anderen dem leisen Gedudel, das aus dem Jacob's kam und wartete auf das Freizeichen.

«Hallo. Ich bin 's, dein Cowboy. Ich will dich sehen.»

Der folgende Abend zu Hause markierte einen Wendepunkt im Leben der Winters.

Aber waren nicht die vergangenen Wochen allesamt nur Wendungen und Irrungen gewesen? Manchmal wirkte das Leben wie die Auf- und Abfahrten eines gigantischen Autobahnkreuzes und Paul fuhr seit Ewigkeiten darin herum, ohne zu wissen, wo es hinaus ging, weil er nicht wusste, wohin er wollte.

Er legte die Schlüssel zur Seite und schlüpfte aus den Schuhen. Die Socken waren noch nass. Er hatte sich noch in der studioeigenen, schwarz gekachelten Dusche gewaschen; Frauen rochen ja das fremde Parfüm. Constanze hatte ihm unter der Brause Gesellschaft geleistet und gemeinsam hatten sie so ziemlich das ganze Bad unter Wasser gesetzt. Land unter im Sadomasoland.

Paul war einerseits völlig erschöpft von den Anstrengungen, die Constanze ihm abverlangt hatte, aber genau dadurch auch wieder viel zu aufgekratzt, um jetzt einfach schlafen zu gehen.

In der Küche saß seine Frau. Sie schlug gerade ein Buch zu und legte es vor sich auf den Tisch. Sie sah auf die geblümte Tischdecke, die in der späten Beleuchtung ziemlich albern wirkte. Sie zählte wahrscheinlich die Farne und Muster darauf, das machte sie immer, wenn sie nervös war. Paul sah diese Szenerie und mit einem Mal floss die Schuld wie Blei in seine Glieder und ließ ihn schwer werden. Er konnte nicht einmal den Arm heben und ihn Susi auf die Schulter legen. Wie angewurzelt stand er hinter ihr, den Satz von der Serviette im Kopf: So wie die Liebe dich krönt, so kreuzigt sie dich. Sie hatte ihm erzählt, dass sie Bücher schrieb, SM-Pornos, aber immerhin war das ein kleines Zubrot. Sie hatte ihm eines gezeigt. Und im Prolog fanden sich eben diese Worte.

Das Lampenlicht in der Küche begann bereits vor Pauls Augen zu flimmern, als er bemerkte, dass er schon geraume Zeit nicht mehr gezwinkert hatte.

Hatte er geatmet?

«Und es tut eigentlich auch nicht mehr weh. Du setzt dich hin und liest ein Buch, dann sind deine Gedanken nicht mehr so alleine. Dann beschäftigen sich meine Gedanken nicht mehr mit dir und dem Mädchen, sondern mit dem, was in dem Buch steht. Und wenn ich ein Kapitel beendet habe, dann sage ich mir, es tut nicht mehr weh.» Sie sah ihn das erste Mal an diesem Tag an: «Weißt du, was ich dann mache?»

Er schüttelte den Kopf, jedenfalls versuchte er es, doch auch sein Kopf wog Tonnen.

«Ich gehe ins Bad und schaue in den Spiegel. Dann sehe ich, dass alles, was ich gesagt habe, totaler Scheiß war! Scheiße, ja! Ja, es tut weh! Es tut weh, dass ich dich mit einer anderen sehe! Es tut weh! Und weißt du, was mir am meisten weh tut? Dass ich wünschte, es würde nicht weh tun!» Mit den letzten Worten noch auf den Lippen sprang sie auf und rannte an ihm vorbei. Ihre Tränen schimmerten im Licht der Energiesparlampe wie unzählige Diskokugeln, wie bei diesen Manga-Mädchen.

Paul rührte sich nicht. Er hörte die Tür zum Wohnzimmer knallen und der Luftzug ließ die Tischdecke kurz lebendig werden. Er hörte, wie Susi weinte und schluchzte, und in ihm begann es plötzlich dumpf zu schmerzen.

Ihm fiel eine Szene aus seiner Kindheit ein. Er kam voll Stolz mit dem Jahreszeugnis nach Hause. Entgegen aller Anzeichen war er nicht durchgefallen. Im Gegenteil, selbst die Lehrer waren verwundert gewesen, würdigten seine Anstrengungen im letzten Halbjahr. Paul hatte es gepackt. Vielleicht würde er das Gymnasium doch schaffen. Was anfangs unweigerlich nach Scheitern, nach dem Abrutschen auf Real- oder vielleicht sogar Hauptschule aussah, war nun durch einen Silberstreif am Horizont verdrängt worden.

Bereits auf dem Nachhauseweg war er total aufgeregt, denn schließlich wollte er schnellstens seinen Eltern berichten. Er nahm den Flur im Sturm, lief in die Küche und präsentierte das Zeugnis mit einem Grinsen, das beinahe gesundheitsschädlich anmutete, so breit war es. Seine Mutter legte den Kochlöffel beiseite, putzte sich die Hände an der blau karierten Schürze sauber und nahm die Dokumentenhülle mit dem Zeugnis der sechsten Klasse von ihrem Sohn entgegen. Ihre Züge hellten sich auf und sie strich Paul liebevoll über den Kopf.

«Werner, schau mal! Paul hat sich wirklich angestrengt im letzten Jahr!»

Sein Vater quittierte diese Aussage mit einem Grunzer von der Couch.

«Nun schau doch mal! Es ist wirklich ein gutes Zeugnis.» Übertrieben laut seufzend kämpfte Werner Winter gegen die Schwerkraft und gewann.

«Zeig mal her!» Er nahm den Wisch und musterte die Zahlen und Worte darauf.

«Ich werde das Gymnasium schaffen!», tönte Paul aufgeregt.

«Das glaube ich nicht. Du bist mit einem blauen Auge davon gekommen. Warum glaubst du, dass du fliegen kannst, wenn dir das Laufen schon schwer fällt? Glaube mir, du bist nicht fürs Fliegen gemacht. Lerne laufen und akzeptiere, dass du zwei krumme Beine hast. Dieses Mal bist du gestolpert, nächstes Jahr fällst du auf die Schnauze.» Mit diesen Worten warf er das Zeugnis auf die Arbeitsplatte und kehrte den beiden den Rücken.

War er vielleicht wirklich nicht dazu gemacht, glücklich zu sein? Vielleicht stimmte es ja und die vergangenen fünf Jahre waren nur ein vorübergehender Irrtum des Schicksals. Das Balancieren auf einer Schnur, hoch oben über der Stadt, völlig blind. Und nun kam endlich der unvermeidliche Fall, währenddessen man sich einredete: Bis hierhin ging es noch gut. Solange es nur so weiter geht.

Im freien Fall blieb Paul bewegungslos. Er rührte sich noch immer nicht.

Kapitel 8

Das laute Weinen war verstummt, mittlerweile tönte aus dem Wohnzimmer irgendein Shopping-Kanal, der neue Reinigungsmittel anpries. Nie wieder Tränen über verschütteten Rotwein auf dem teuren Teppich oder Ketchup auf dem Sofa. Es dauerte Ewigkeiten, bis die Schwere aus seinen Gliedern so weit wich, dass er sich zumindest fallen lassen konnte. Mit einem schweren Plumps sackte er an der Stelle zusammen, die ihn solange bewegungslos gefangen gehalten hatte.

Er dachte, dass weinen vielleicht die richtige Antwort war. Man sagte doch immer, weinen täte gut. Er wollte weinen, weil es doch gut täte. Aber er weinte nicht. Es tat ihm Leid, dass er nicht weinen konnte wie Susi, die augenscheinlich unter der Situation litt. Aber mehr fühlte er im Moment nicht.

Als der Morgen dämmerte, ertappte er sich dabei, dass auch er die Farne zählte. Mit müden Gliedern erhob er sich schließlich und glaubte nicht daran, dass Susi ihn je wiedersehen wollte. Also packte er in aller Stille eine Sporttasche und schickte sich an zu gehen. Auf die kleine Tafel neben dem Herd, dort, wo sie immer den nächsten Einkauf notierten, schrieb er seine Abschiedsworte an sie. Seine Pornos und auch die Sparbücher nahm er mit. Er holte sie hinter dem Schrank hervor, als sie schlafend das Reinigungsmittel aus dem Shopping-Kanal kaufte und versuchte, die Flecken ihres Lebens damit zu tilgen.

Irgendwo hatte Paul aber auch die Hoffnung, dass sich die Geschichte wieder einrenken würde, denn nach fünf Jahren Ehe sollte man doch über einen Seitensprung mit einer kleinen Nutte hinwegsehen können. Alle zwei Jahre ein Seitensprung, das war das in seiner früheren Clique akzeptierte Maß. Dennoch hatte er einige Mühe, das flaue Gefühl in der Magengegend zu unterdrücken. Susi war nicht in dieser Clique gewesen, die im Wesentlichen aus Metzgern, Schlachtern und einem Fahrer bestanden hatte – bis auf Paul alles Junggesellen.

Es war der 3. September: Schröder fand die Grünen zum Kotzen, der Irak war neben der Gemeindefinanzreform und den untrüglichen

Zeichen des Abschwungs Thema des Tages. Aber Paul interessierte das alles nicht. Zum einen, weil er wie jeder Bayer mit Verantwortungsbewusstsein tiefschwarz oder überhaupt nicht wählte, und zum anderen, weil er den Wehrdienst verweigert hatte und ihn Kriege absolut nicht interessierten. Die Gewalt in einem Krieg war echt und ihm fehlten die geilen Explosionen, die er aus Filmen kannte. Auch war so was nicht unbedingt spannender, als ein geiler Action-Film.

Und nicht zuletzt waren da noch seine eigenen Probleme: Constanze, Susi und sein Leben. Die Sporttasche über die Schulter geworfen, verabredete er sich mit der Sklavin in ihrem Studio. Eine kleine Stimme in seinem Inneren sagte ihm, dass es falsch war, doch er wollte nicht alleine sein. Und auf diese Stimme hatte er eigentlich noch nie gehört, ein schlechter Zeitpunkt also, ausgerechnet jetzt damit anzufangen, wo sie ihm das verbliebene Vergnügen auszureden versuchte.

«Warte einen Moment», sagte sie zu ihm und verschwand. Die schwarze, mit Latex verkleidete Tür schimmerte matt im gedämpften Licht des klassischen Sadomaso-Ambientes. So und nicht anders hatte Paul sich ein Etablissement dieser Art vorgestellt. Es roch nach Autoreifen und Parfum, im Hintergrund dudelte Musik und die Möbel sahen fremd und barbarisch aus. An den Stuhllehnen Totenköpfe, ein Andreaskreuz in der einen Ecke, eine Art Bock in der anderen.

Paul wartete auf Constanze in versteifter Vorfreude. Niemals hätte er sich träumen lassen, dass er einmal Sex in einem SM-Studio haben würde. Doch er war hier und versuchte, sich mit dem Gedanken anzufreunden.

Nichts in seinem bisherigen Leben hätte ihn auf das Folgende vorbereiten können. Besonders nicht der missglückte Aufklärungsversuch seines Vaters. Dieser war unangemeldet in seinem Kinderzimmer erschienen, als seine erste Freundin Angelika das erste Mal zu Besuch da war. «Benutze ein Kondom, wenn du deinen Pipihahn in ihre Muschi stecken willst. Sonst holt ihr euch Aids oder ein Baby!»

Die Türe öffnete sich und Constanze ... ja, sie kroch auf allen Vieren zu Paul, kniete auf dem Boden blickte Paul aus dunklen Augen an. Sie trug einen schwarz glänzenden Anzug, den kompletten Körper mit

Ausnahme des Kopfes bedeckend. Wie eine zweite Haut schmiegte sich das Schwarz an sie. Dort wo der Catsuit endete, schloss sich ein metallenes Stahlband um ihren Hals, mit einer Kette daran. Sie nahm das Ende der Kette und hielt es Paul entgegen.

«Für Euch, Herr», sagte sie laut und deutlich, freundlich und unterwürfig. Und wieder rettete Pauls männlichste Eigenschaft ihn vor einer Ohnmacht: die Sprachlosigkeit. Sie kroch näher an ihn heran.

«Du wolltest mich kennen lernen. Nun, hier bin ich. Nimm mich, aber bitte nimm mich ganz. Ficke nicht nur meinen Körper, wie es so viele tun. Ficke meine Seele ...»

«Du bist schon ein komischer Kerl, Cowboy.» Constanze kramte in seiner Hose nach den Zigaretten, fand sie und steckte sich zwei an. Dann warf sie die Schachtel zurück zu den Socken und der Unterwäsche. Eine steckte sie in Pauls Mund. Er roch ihren Atem daran.

«Und du bist außergewöhnlich.»

«Was ist schon außergewöhnlich? Doch nur der Versuch gewöhnlich zu sein und damit aufzufallen.»

Paul sah in ihr verschwitztes Gesicht und war verwirrt. Noch immer trug sie den Anzug, aber Paul war es, als wäre sie nackt. Als wäre es ein Spielzeug, umfasste sie Pauls bestes Stück und begann von neuem, ihn zu massieren.

«Weißt du, was an uns so toll ist?»

«An uns?»

«An uns Huren, meine ich», wieder lachte sie. «Ich glaube, wir haben mehr Götter gesehen als die Priester ... und wir Huren haben sie alle nackt gesehen.»

«Was meinst du damit?» Paul hatte Mühe, sich zu konzentrieren, trieb sie ihn doch schon wieder auf einen Höhepunkt zu, langsam, aber unerbittlich.

«Wenn jemand auf der Suche nach Wahrheit ist, sollte er bei uns anfangen.» Sie kicherte. «Ach, ich weiß auch nicht. Ich habe manchmal den Drang, etwas Tolles zu sagen. Dabei fällt mir einfach nichts ein. Also lese ich viele Bücher und erzähle kleine Geschichten daraus. Das wirkt intelligent. Und ich will nicht als dumm erscheinen, nur weil ich damit mein Geld verdiene.» Sie deutete auf seinen Schwanz. Aber in diesem Moment war Paul alles egal. Er sah nicht die fleckige Tapete, er sah auch nichts von den dunklen Möbeln, er sah nicht einmal sie. Er war im Reich der Träume, auf dem Gipfel seiner Lust. Diese Frau, diese unersättliche Gier im Bett ließ ihn nicht mehr los – und das im wahrsten Sinne des Wortes. Als er leise stöhnte, lächelte sie zufrieden.

Er kam, sie sah, und niemand siegte. Als Pauls Atem wieder ruhig und gleichmäßig ging und er langsam die Augen öffnete, saß Constanze da wie zuvor. Nur die Zigarette war heruntergebrannt. Sie hatte ein kleines Büchlein auf dem Schoß, in dem sie blätterte. Kurz sah sie auf und hauchte ihm einen Kuss zu.

«Willst du mich noch einmal ficken?» Sie spielte an dem Reißverschluss, der zwischen ihren Beinen verlief. Doch er schüttelte zufrieden den Kopf.

«Du bist meine Heldin», sagte er.

Sie blickte ihn fragend an.

«Doch, ehrlich! Du bist so unabhängig, du lässt dir nicht von jedem etwas einreden. Das finde ich klasse. Auch wie du mich damals angesprochen hast.»

«Vorsicht! Das ist das Schöne am Sklavin-Sein: Wenn du mich willst, dann bin ich dein. Dann gehöre ich dir. Ich bin dein Spielzeug, dein Eigentum, verstehst du? Und damit musst du dich um mich kümmern.»

Paul verstand nicht wirklich, was sie sagen wollte. Sie gähnte laut und ungeniert. Dann kniete sie sich auf die abwaschbare Matratze, drückte die Brüste nach vorne und sah Paul frech und dennoch unterwürfig an.

«Willst du mich haben?»

«Ja», antwortete der Befriedigte sofort.

Sie lächelte und kletterte vom Bett. «Ich gehe mich umziehen. Dann können wir gehen, okay?»

Er nickte.

«Vergiss nicht, ich gehöre dir! Du musst jetzt auf mich aufpassen. Mein Geist ist frei, mein Körper und meine Seele gehören nun dir!»

Paul sah sie bewundernd an. Er liebte diese Frau, dieses Mädchen, diese Hure! Sie war wirklich seine Heldin! Als sie fertig war – eigentlich hatte sie nur einen Mantel übergeworfen und Stiefel angezogen –, sah sie ihn ernst an: «Aber ich will nicht deine Heldin sein! Das klingt nach Verantwortung! Willst du denn ein Held sein?»

Paul war überrumpelt.

«Keine Ahnung. Darüber habe ich noch nie nachgedacht.»

Die glänzend schwarz gekleidete Sklavin kam zurück aufs Bett und legte ihren Kopf in Pauls Schoß. Automatisch begann er, über ihren Körper zu streichen.

«Das glaube ich dir nicht. Jeder Junge will doch ein Held sein! Von Gott mit einer Fähigkeit ausgestattet sein, einer Bestimmung! Seinem Schicksal folgen und die Prüfungen meistern, die das Leben für einen bereithält ... Willst du das, mein Herr?»

«Oh nein, das wäre nichts für mich!»

«Siehst du, das ist das Dilemma unserer Welt. Zu viele Schicksale, zu viele Aufgaben, denen sich keiner stellen will. Denn es gibt keine Helden mehr.»

«Ja, keine Helden mehr. Du willst auch keine Heldin sein. Nicht einmal meine!»

«Genau. Denn ich möchte meine Freiheit behalten. So ist es auch mit der Welt. Keiner möchte seine Freiheit aufgeben, obwohl kaum einer weiß, was das wirklich bedeutet.»

«Aber du bist meine Sklavin. Du hast deine Freiheit aufgegeben ...»

Paul war verwirrt.

«Nein, gerade jetzt bin ich doch frei!» Sie küsste seinen Schritt und winkte ihm, ihr zu folgen. Auf dem Weg zum Auto stoppte sie noch einmal kurz und tippte an seine Nase: «Da steht ein Nasenhaar raus.»

Er tastete danach und riss es heraus. Als er das dunkle, gebogene Haar sah, musste er an ein Spiel aus der Schule denken. Er pustete das Haar von seinem Finger. «Darf ich mir jetzt was wünschen?»

Mit einem Mal wurde Paul klar, dass er sein ganzes Leben, alle Erlebnisse immer durch eine Art Filter gesehen und erlebt hatte. Nie unmittelbar, sondern immer auf Distanz. Er bewegte sich stets parallel zum Leben, in Sichtweite, mehr aber nicht.

Seine Vergehen in der Schule erst durch die Schläge seines Vaters, die Liebe erst durch Susis leuchtende Augen und überhaupt all seine Gefühle erst durch die Erfahrungen, die andere damit machten.

Er stand auf und drückte die Spülung – beinahe hätte er das Abwischen vergessen – und verließ das Klo als neuer Mensch. Ein Nebel, durch den er geschritten war, zerstob. Eine Brille, die mehr Dioptrien hatte, als er benötigte, legte er beiseite. Und mit einem Mal sah er die Welt ganz klar ... so glaubte er zumindest.

Die Farben waren anders, kräftiger, die Gerüche würziger. Alles wirkte nun so echt. Ungläubig berührte Paul die Tapete, ihre Struktur, ihre Wirklichkeit. Sie war echt. Hier. Jetzt.

Paul war sich plötzlich sicher, dass er nicht wieder zurückkehren wollte in die Welt, die er seit fünf Jahren mit Susi und seit einunddreißig Jahren mit seinem Vater teilte. Nein, er wollte mit dieser Frau leben. Mit diesem Mädchen. Mit Constanze. Er hatte sie zu Ende gefickt. Er hatte mit ihr Höhepunkt um Höhepunkt genossen und dabei ein Feuer entfacht, das so hell leuchtete wie tausend Sonnen. Oder wie eine Energiesparlampe, wenn man genau hineinsah, was Paul gerade tat.

Auf dem Weg zu seinem Haus hatte es nur eine kleine Unterhaltung gegeben, die sie beendete, indem sie das Radio einschaltete und vor Freude auf dem Sitz umhersprang, als ihr Lieblingssong von Nickelback lief.

«Du hast gesagt, du wohnst noch bei deinen Eltern?»

«Ja, warum?»

«Sorgen die sich nicht um dich? Ich meine, wenn du abends so lange weg bist ... Oder wissen die, was du tust?»

Sie hatte ihn kurz angesehen und dann losgeprustet: «Die? Um Gottes Willen. Ich bin achtzehn und habe mein eigenes Leben. Aber allein der Gedanke, ich könnte überhaupt Sex haben, würde meinen Vater wohl umbringen ... Oh, Entschuldigung.» Dann Musik:

It's not like you to say sorry
I was waiting on a different story
This time I'm mistaken

For handing you a heart worth breaking
and I've been wrong, I've been down,
been to the bottom of every bottle
These five words in my head
Scream: Are we having fun yet?

Es klingelte. Pauls Blick huschte kurz durch das Wohnzimmer, ein Schlachtfeld der Liebe. Ein Blick auf seine Heldin. Sie war wieder in ihr Buch vertieft, nackt neben ihm auf der ausgezogenen Couch sitzend. Ihr Lippenstift war verschmiert, das Haar wild zerzaust und doch sah sie makellos aus. Wieder die Klingel. Paul stand auf und zog seine Hose über. Schnell schob er die Kleider auf einen Haufen hinter der Couch zusammen.

«Bitte, geh kurz ins Bad. Es ist wahrscheinlich nur mein Nachbar.» Sie sah ihn aus zusammengekniffenen Augen an. Dann schüttelte sie leicht den Kopf und machte sich betont langsam und aufreizend auf den Weg in die Küche. Wie eine Ballerina ging sie auf Zehenspitzen und streckte dabei ihren Hintern raus. Paul seufzte schwer, aber zumindest konnte er sich jetzt an die Türe wagen.

«Susi?»

«Hallo Paul. Ich wusste, dass ich dich hier finden würde.» Ihr Blick war kalt und reserviert. Auch die Luft, die von draußen hereinwehte, war kühler geworden. Der Sommer hatte ein Ende gefunden. Ein leichter, frischerer Wind umspielte ihr blondes Haar.

«Was? Ich meine, was willst du?»

«Reden. Weißt du, du hast wirklich Scheiße gebaut! Du hast mit dieser Schlampe gefickt in unserem Bett, in unserem gemeinsamen Bett ...» Sie musste sich bremsen, damit die Tränen sie nicht wieder übermannten. Dann würde sie beginnen zu schreien und dann würde sie Paul treten und schlagen. Sie ging an ihm vorbei ins Wohnzimmer. Die Schuhe behielt sie das erste Mal an.

«Warum ist die Couch ausgezogen?»

«Glaubst du, ich schlafe in dem Bett, wo mein Vater schlief?»

Sie lächelte und war vielleicht sogar etwas erleichtert. Sie setzte sich und spürte die feuchte Wärme des Bettzeugs.

«Habe ich dich geweckt?»

«Nein, äh, ja! Also nicht richtig.»

«Fünf Jahre sind wir verheiratet! Fünf verdammte Jahre. Und bisher habe ich keinen Tag bereut! Und du hast es beinahe geschafft, dass ich all diese Jahre bereue! Was hast du dir dabei gedacht? Haben wir nicht genug Sex? Oder warum bumst du diese Tussi? Wer sie überhaupt?»

Paul stand in der Tür und blickte auf seinen Zehen. Es war kalt, aber er wagte nicht, näher zu kommen. Was er sagen wollte, konnte er nicht sagen. Was er nicht sagen wollte, auch nicht. Also schwieg er. Die Worte schwirrten um ihn herum, hielten ihn nicht fest, ließen ihn aber auch nicht frei.

«Ich weiß auch, dass wir in der letzten Zeit Streit hatten, aber wir haben uns doch wieder vertragen! Wir haben uns ausgesprochen und versöhnt. Warum musstest du dann noch diese Kuh ficken?»

«Ich weiß auch nicht», flüsterte er, mehr für sich und um Zeit zu gewinnen.

Sie hatte es nicht gehört. Und während Paul noch seine Zehen zählte und nach den richtigen Worten suchte, war Susi schon auf dem Weg zur Küche.

«Ich mache uns erst mal Kaffee. Und dann reden wir, okay? Ich bin bereit, über diesen Seitensprung Gras wachsen zu lassen, wenn du mir sagst, was los ist mit dir! Dann versuchen wir es einfach ...»

Im ersten Moment verstand Paul nicht, doch die Stille verhieß nichts Gutes. Dann begriff er. In seinem Kopf schlugen sämtliche Kirchenglocken des Abendlandes zur Apokalypse. Der Schrei war noch schriller, als er es befürchtet hatte.

«Was zum Geier machst du hier, du Fotze?»

Paul stürzte ihr nach, doch er fühlte sich wie ein Soldat, der in den sicheren Tod marschierte. Susi drehte sich um und sah Paul aus hasserfüllten Augen an. Hinter ihr grinste Constanze, eine Hand in die Seite gestemmt, die andere hielt ein kleines Röhrchen.

«Du brauchst nicht zu antworten. Darin warst du noch nie besonders. Deine Antworten sind wie die Bahn ... sie kommen meist ziemlich spät. Und dann sind sie unbequem und stinken!» Sie stieß ihn von sich fort und ließ Constanze nackt in der Küche zurück. Vor dem Bett drehte sie sich noch einmal um und lachte hämisch über sich selbst.

«Ich war ja so blöd! So blöd, zu glauben, dass dir unsere Ehe etwas bedeutet! Ich habe geglaubt, du würdest dir wie ich die Augen ausheulen und bereuen! Stattdessen verfickst du deinen Unmut lieber mit dieser blöden Fotze, diesem total durchgeknallten Drogenfreak!»

«Susi! Bitte, es gibt eine Erklärung dafür!» Paul hätte am liebsten den großen Vorschlaghammer aus dem Keller geholt und sich eigenhändig damit eins übergebraten. Was sollte den diese Antwort?

«Klar, lass mich raten, ihr habt euch zufällig beim Milch kaufen in der Wäscherei getroffen. Da hat sie ihre Klamotten gewaschen und beim Schleudergang bist du auf sie draufgefallen und hast abgespritzt!» Ihre Stimme wurde mit jeder Silbe schriller und lauter.

Paul warf einen kurzen Blick auf Constanze, die den beiden Streithähnen mit glasigen Augen ins Wohnzimmer gefolgt war.

«Du bist echt der widerlichste Arsch, den ich kenne!», fuhr Susi in ihrer Wut fort. Sie griff nach dem Bild aus glücklichen Zeiten der Familie Winter und warf es nach ihr.

«Ich bringe diese dumme Hure um! Und dich am besten gleich mit!» Dieses Mal flog eine Vase. Sie flog in Pauls Richtung und nur, indem er sich duckte, entkam er ihr knapp. Die halb verwelkten Tulpen regneten samt Gießwasser und Scherben auf ihn nieder.

«Bist du verrückt geworden? Das hätte ins Auge gehen können?»

«Glaubst du etwa, das ist ein Spiel? Ich sage dir was, Freundchen: Das sollte es auch! Du Arsch! Ich bringe dich um! Game over!» Susi wollte sich gerade auf ihren Noch-Gatten stürzen, als sich Constanze dazwischenwarf, nackt, wie Gott sie geschaffen hatte.

«Nenn mich nicht dumm, du blöde, hysterische Ziege!» Einen Augenblick später setzte es für Susi eine schallende Ohrfeige.

«Constanze, bist du wahnsinnig geworden!», schrie Paul. Susi hielt sich die Wange und in ihren Augen spiegelte sich ein erster Anflug von Wahnsinn. Sie griff nach dem Bierkrug auf dem Wohnzimmertisch und hob ihn an zum Wurf. Paul versetzte seiner Sklavin einen Stoß und sie stolperte in die Küche zurück. Dann sah er das sich nähernde Trinkgefäß und wollte ausweichen, doch die Schrankwand versperrte ihm drohend den Weg. Die Wucht war so gewaltig, dass Paul zurück in die Flugbahn des Krugs torkelte, der ihn einen Moment später am Kopf traf.

Er sank ohnmächtig zusammen wie ein nasser Sack mit zehn nackten Zehen. Auszeit.

Vorhang.

Kapitel 9

Dumpf und unklar erinnerte er sich an die Sirenen und die Hände, die ihn untersuchten. Als Paul die Augen aufschlug, waren da ein dichter Milchglasschleier, verschwommene Konturen und mattweißes, abgegriffenes Krankenhauslicht. Es roch scharf nach nichts und Chlor. Einige Personen hatten sich wohl über ihn gebeugt und redeten nun wie durch eine Wand aus Watte eindringlich auf ihn ein. Aber er verstand sie nicht. Auch die einzige Stimme, die ruhig und besonnen aus der aufgeregten Kakophonie der Übrigen herausstach, nicht.

Er versuchte sich zu erinnern, was geschehen war, doch er drang nur langsam zum Kern der Ereignisse vor. Da war Geschrei gewesen, aber er konnte die einzelnen Wortfetzen in keine chronologische Reihenfolge bringen. Ein Wort kam in seinen Gedanken vor, bei dem ihm die Möglichkeit, einen vernünftigen Zusammenhang herzustellen, völlig fehlte: ,Drogen'.

Er fühlte sich benommen und als langsam ein dumpfer Schmerz aus dem Nichts des greller werdenden Lichts auf ihn zukam, schloss er wieder die Augen und versank erneut in der Finsternis einer Ohnmacht. Mit dem Licht verschwanden auch die Stimmen. Alle, bis auf eine. Es war diese eigenartige Stimme von vorhin, die so nüchtern sprach, als berichte sie über ferne Ereignisse. Dann war nichts mehr.

Pauls neuerliches Erwachen wurde von einem Druck begleitet, der auf ihm lastete. Flach atmend blinzelte er in ein dämmriges Krankenhauszimmer. Die weißen Wände hatten Flecken, hier und da waren kleine Stücke der billigen Raufasertapete abgerissen. Es roch nicht nach Leben, nur nach Überleben, und das um jeden Preis.

Ein zerzaustes Bündel blonder Haare lag auf ihm. Und es schlief. Er wollte etwas sagen, doch sein Mund verweigerte ihm den Dienst. Und wieder hörte er diese seltsame, distanzierte Stimme.

Pauls Genick schmerzte, er hasste es, auf dem Rücken zu liegen. Diese Neigung hatte er schon als Kind gehabt und sich viel lieber auf den Bauch gedreht.

Sein Blick war nun vollends klar und er erkannte allerlei medizinische Geräte. Er lauschte, ob er das Piepsen seines Herzschlages hören konnte, aber da war nichts. Die Apparaturen waren wohl nur für Notfälle hier. Ein Schlag auf den Kopf konnte ihn doch nicht derart außer Gefecht gesetzt haben?

Paul wollte wieder etwas sagen und um ein Haar hätte ihn ein Hustenreiz überwältigt. Susi hob den Kopf.

«Paul? Du bist wach. Mein Gott bin ich froh! Es tut mir ja so Leid! Das wollte ich wirklich nicht!» Die übrigen Worte verloren sich im Stoff des Kissens, als sie ihn umarmte und an sich drückte, dass ihm zum zweiten Mal innerhalb kürzester Zeit die Luft knapp wurde. Eigentlich wünschte er sich im Moment nur eines: Ruhe. Er wollte einfach wieder zu sich kommen und das Geschehene Revue passieren lassen. Doch diesen Wunsch konnte er getrost vergessen.

Irgendwann schaffte er es, sich aus der Umklammerung zu lösen und mit krächzenden Lauten und einigen Gesten um Wasser zu bitten. Sein Hals kratzte fürchterlich, wie Schmirgelpapier. Der erste Schluck brannte wie eine Überdosis Leben, eine Dosis, die sein Körper noch nicht verkraftete.

«Was ist passiert?», brachte er mühsam hervor.

«Ich habe dir einen Bierkrug an den Kopf geworfen ...» Sie zuckte mit den Schultern und lächelte verlegen, während ihr Blick aus dem Fenster glitt. «Davor bist du gegen die Schrankwand gelaufen. Dann warst du ohnmächtig ... Ich habe den Notarzt gerufen und die haben dich hierher gebracht.» Sie zögerte etwas, stand auf und kramte ein Stück zerknülltes Papier aus der Hosentasche.

«Das ist von Constanze, der dummen Fotze.» Sie überlegte, ob sie erzählen sollte, dass man sie auch beinahe mit einem Krankenwagen abtransportiert hätte, aber sie ließ es dabei bewenden und starrte wieder aus dem Fenster. Paul nahm den Zettel und warf ihn scheinbar achtlos in den Tablettwagen neben seinem Bett. Susis Worte ignorierte er.

«Das ist doch jetzt unwichtig.» Dabei beugte er sich vor und versuchte, Susi in den Arm zu nehmen. In Gedanken ertappte er sich jedoch dabei, dass er wissen wollte, was Constanze geschrieben hatte.

‚Drogen‘,? Noch immer ergab das Wort keinen Sinn. Sollte er Susi danach fragen?

«Wer zum Teufel sagt das?» Pauls Blick suchte das Zimmer ab, aber außer Susi und ihm war niemand da. War irgendwo ein Radio an?

Susi blickte ihn fragend an: «Was hast du? Ich habe nichts gesagt.»

«Hörst du diese Stimme nicht? Sie spricht beinahe ununterbrochen.»

«Paul, du hast eine schwere Gehirnerschütterung. Vielleicht war die ganze Geschichte einfach zu viel. Der Tod deines Vaters, der Hochzeitstag, der Streit ... Ich wusste nicht, wie sehr dich das alles belastet. Du musst dich ausruhen, dann wird alles wieder gut. Ich hatte ja keine Ahnung.»

Paul spürte die Lüge in ihren Worten. Nichts würde so sein wie früher. Wenn er im Leben eines gelernt hatte, dann dass es keinen Weg zurück gab. All die Dinge, die er in seiner Jugend verbockt hatte, nichts könnte sie ungeschehen machen. Nicht die Zeit war es, sondern die Schuld. Die lässt sich nicht einfach abwaschen. Seine Mutter hatte ihm immer gesagt, dass zwar die Zeit alle Wunden heile, aber die Schuld, der Makel an der Seele bliebe ewig. Schuld war keine Frage, die in Stunden, Momenten oder auch Jahren gemessen werden konnte. Dagegen half nicht einmal das Vergessen oder die Ewigkeit.

«Paul spürte die Lüge in ihren Worten. Nichts würde so sein wie früher.»

«Was?» Sie wich etwas von ihm zurück. Nun war sie es, die mit scharfem Auge zu suchen begann.

«Sie wich etwas von ihm zurück. Nun war sie es, die ...» In Susis Augen entzündete sich Panik, sie schrie: «Was redest du da? Mit wem sprichst du? Du meinst doch nicht mich, oder?»

«Ich wiederhole nur das, was ich höre. Diese Stimme sagt diese Sachen!»

«Was für eine Stimme, um Himmels Willen?»

«Ich weiß es nicht, aber da ist eine Stimme!» Er fühlte sich beobachtet, bedrängt und in dem lächerlichen Pyjama unheimlich hilflos.

«Scheiße, ich höre Stimmen!» Er sackte zurück in sein Kissen. «Jetzt bin ich im Arsch! Was soll das Ganze? Susi?» Er sah sie flehend an und als sie stumm blieb, steigerte sich seine Panik zu einem Anfall. Susi rief nach dem Arzt und dieser stellte Paul mittels einer Spritze ruhig. Susi verschrieb er ebenfalls etwas für die Nerven, dann schickte er sie nach Hause.

Apathisch dämmerte er einige Stunden vor sich hin. Als die rot glimmenden digitalen Balken seines Weckers 2.00 Uhr anzeigten, kam er langsam wieder zu sich.

«Das habe ich gehört. Was bist du? Wo bist du?» Wer?

«Na, du! Ich kann dein Gequake die ganze Zeit hören und frage mich, was das soll! Du sprichst von mir, als wäre ich Teil einer Geschichte!» Du kannst mich hören?

«Ja, verdammt! Wieso?»

Stille. Nur das leise Brummen des Radioweckers. Als keine direkte Antwort kam, sah sich Paul im Zimmer um. Er war definitiv allein. Die weißen Wände waren durch die häufige und unachtsame Benutzung des Zimmers hier und dort verschmutzt. Auf dem Tischchen an seinem Bett befanden sich sein Handy, sein Geldbeutel und sein Schlüssel. Daneben lagen Butterkekse und ein Schokoriegel.

Mit Sicherheit hatte Susi die Süßigkeiten im Krankenhauskiosk gekauft, zur Stärkung, wenn es ihm wieder besser ginge.

Als er sich am Kopf kratzen wollte, spürte er einen tief stechenden Schmerz. Nun hatte er die riesige Beule an seinem Kopf bemerkt.

«Kannst du vielleicht die Klappe halten? Das tat echt weh!» Das geht nicht.

«Ach, plötzlich redest du doch wieder mit mir.» Paul betastete vorsichtig seine Verletzung. Sein Blick fiel dabei auf den Zettel von Constance. Im ersten Moment zögerte er, ihn zu lesen, doch dann überkam ihn die Neugier.

«Das ist eine Privatangelegenheit. Halt mal die Schnauze, ja?» Seine Augen flogen über die schöne Schrift. Sie wirkte wie die eines Kindes, so weich und rund. Der Eindruck wurde noch dadurch verstärkt, dass sie mit einem orangefarbenen Marker auf die herausgerissene Seite eines Schulheftes geschrieben hatte:

Paul, ich glaube, das wird nichts mit uns beiden. Aber du kannst mich gerne im Studio besuchen. Ich mache dir einen Freundschaftspreis! All inclusive, was du willst! Constance

Das traf. Für Paul waren es seit dem Geständnis der Liebe und Hingabe nur Momente gewesen, und nun sollte alles ganz anders sein? In Gedanken hatte er bereits Jahre – Höhepunkte, wie Krisen – mit Constanze erlebt.

«Wenn du nicht sofort dein Maul hältst, raste ich aus! Das geht nur mich etwas an!» Das geht nicht. Ich muss berichten.

«Und warum ausgerechnet über mich? Gibt es nicht irgendwelche Superstars, über die du berichten willst?» Die Häme in seiner Stimme war bissig. Nein. Du bist dran. Ich berichte über dich.

«Und wem?» – Das weiß ich nicht. Das ist auch egal.

«Machst du das schon länger? Ich meine, bevor ich dich gehört habe, und so? Warst du schon vorher da?» Ja, schon eine ganze Weile. Paul setzte sich vorsichtig auf und stopfte sich ein zweites Kissen in den Rücken, damit er bequem in die Dunkelheit starren konnte. Dann fasste er sich an den Kopf und musste lachen.

«Das ist doch krank. Ich sitze hier und unterhalte mich mit jemandem, den es gar nicht gibt ... Oder soll ich vielleicht Licht machen?» Das musst du nicht.

«Aber ich will wissen, wer du bist.» Da nützt dir das Licht aber nichts. Pauls Hand war inzwischen am Schalter und schließlich wurde das Zimmer von dreckigem Licht erhellt. Seine Hoffnung, nun jemanden zu sehen, wurde jäh von den Neonröhren zerstört, deren Licht auch in die letzte Ecke des Zimmers vordrang. Nichts. Niemand in einem der Nachbarbetten, niemand an der Türe. Vielleicht auf dem Klo? Paul war zu faul, um nachzusehen.

«Seit wann genau? Seit wann berichtest du von mir?» Seit dem Geburtstag deines Vaters. Paul schüttelte ungläubig den Kopf. In seinen Gedanken rechnete er zurück, verrechnete sich und kam schließlich auf eine lange Zeit.

«Und du hast alles ... Ich meine, du hast über alles berichtet?» Zumindest die Ereignisse von Belang. Alles andere habe ich übersprungen.

«Wie übersprungen?» Paul war in seinem Stolz gekränkt. Du hast ja selber gesagt, du bist kein Superstar.

«Und? Was meinst Du mit übersprungen? Was heißt das?» Ich habe das Unwichtige nicht erzählt. Wenn du schläfst zum Beispiel oder die

zwei Tage, die du masturbierend auf der Couch verbracht hast. Oder
...

«Okay, okay, das reicht! Genug!»

Er saß in einem großen Speisesaal. Die Fenster boten einen beruhigenden Ausblick auf die Nordsee. Deren gemütliche Wellen schimmerten friedlich im Licht des Spätsommers, sobald die Sonne darauf schien und keine Wolke die kräftigen, freundlichen Farben gegen ein bedrückendes Grau vertauschte. Die Luft war geschwängert vom frischen Geruch nach Salz und Meer. Feucht. Lebendig. Alles hier schien der tiefen, in sich ruhenden Bewegung des Meeres zu folgen, die alles ausfüllte und das Leben der Menschen seit Generationen schon lenkte.

Die Stühle des Raumes waren allesamt mit Schonbezügen aus einem robusten Material überzogen, wahrscheinlich PVC. So konnte man selbst Erbrochenes, Urin oder Kot mühelos und schnell entfernen.

«Kannst du mich nicht einmal hier in Ruhe lassen?» Wer? Ich?

«Wer denn sonst, es ist doch sonst niemand hier, oder?» In diesem Moment brachte eine Schwester sein Frühstück. Paul hatte sie nicht gehört. Sie stellte das Tablett vor ihm auf den Tisch und goss heißen Kaffee aus einer kleinen Kanne in die weiße Tasse.

«Das nennst du Kaffee? Das ist Körperverletzung! Ich bin weiß Gott viel gewohnt, aber dieser Kaffee ist das Erzeugnis irgendwelcher Klärschlammkolonien oder ich will nicht mehr Paul heißen!», gab er sarkastisch zur Antwort.

Die Schwester runzelte die Stirn. «Entschuldigung?»

«Ich rede nicht mit ihnen, sondern mit ihm!» Er deutete nach oben. Die Schwester lächelte – wahrscheinlich fiel ihr in diesem Moment der Krankenbericht wieder ein – und verschwand wieder. Woher sollte Paul wissen, dass ich dort oben bin?

«Ehrlich gesagt, es ist mir scheißegal, wo du bist. Ich hätte auch nichts dagegen, wenn ich dich nicht hören würde! Dann könnte ich nämlich nach Hause.» Doch wollte er wirklich nach Hause? War es derzeit wirklich erstrebenswert, in dieses alte Leben zurückzukehren? Was sollte er dort?

Nachdem Paul nichts zu erwidern wusste, griff er verärgert zu seiner Tasse und verbrannte sich die Zunge am heißen, aber ungenießbaren Kaffee.

«Musst du immer alles und jeden Scheiß kommentieren?» Das Thema hatten wir schon.

In dem Moment, als Paul sich an das Gespräch zurückerinnerte, fiel ihm auf, dass er nicht mehr wusste, geschlafen zu haben. An ein Ende der Unterhaltung konnte er sich ebenso wenig erinnern, wie an die Zeit danach bis zum heutigen Morgen; das war alles wie ein blinder Fleck in seinem Kopf.

«Stimmt. Daran kann ich mich wirklich nicht erinnern.» Das tut mir Leid.

«Warum tut es dir Leid?» Als Paul sich sein Brötchen dick mit Marmelade bestrich und immer wieder auf das Meer blickte, fragte er sich das erste Mal, ob er wirklich verrückt war. Hatte er wirklich einen Schuss, eine Macke. Nicht mehr alle Steine auf der Schleuder? Und wo kam das Meer so plötzlich her?

«Was ist hier los?» Du bist auf Kur an der Nordsee. Nachdem Paul im Klinikum allen von der Stimme, die er hörte, berichtet hatte, empfahl man ihm – nach eingehender Prüfung seiner finanziellen Lage und seiner Krankenversicherung – eine Kur an der Nordsee. Hier würde sein aufgewühlter Geist wieder zur Ruhe kommen, hatte der Chefarzt ihm und seiner Frau beteuert. Hinter seinem Rücken dachten alle einfach nur: Der ist verrückt!

«Und? Bin ich verrückt?» Das weiß ich nicht.

«Fein. Du machst dir einen Spaß mit mir! Nun gut, seit wann bin ich hier?» Seit vier Tagen. Aber die Anreise war nicht interessant.

«Du verarschst mich, oder? Weißt du, wie mir das Ganze vorkommt? Wie eine Mischung zwischen ,Versteckter Kamera' und Hiob. Du machst dir einen Spaß daraus, mich vom Regen in die Traufe zu schicken!» Nun übertreibe bitte nicht. Im Gegensatz zu Hiob gab es bei deiner Tragödie keinen Prolog im Himmel. Und du bist auch keine Marionette einer höheren Macht. Du bekommst einfach deinen Arsch nicht hoch!

Das saß.

Paul schwieg und versuchte, die Stimme zu ignorieren, die in seinem Kopf umherspukte. Sein Frühstück genoss er, soweit man ein Klinikfrühstück eben genießen konnte. Dann wollte er an den Strand, spazieren gehen. Eine Schwester reichte ihm in die Jacke. Er erkannte das alte Ding sofort. Es war eine Jacke seines Vaters.

«Ich habe vielleicht einen Dachschaden, aber ich kann mir die Jacke wohl noch alleine anziehen!», schnauzte er die Dame an und ging nach draußen.

«Verdammte Psychopathen», hörte er sie hinterherzischen. Paul hoffte, dass die Stimme in seinem Kopf hinter dem Rauschen des Meeres und dem Wind vielleicht undeutlich würde. Aber egal was er machte, die Stimme war deutlich und über allen Geräuschen vernehmbar.

Er fuhr sich mehrmals mit seinen rauen Händen übers Gesicht, als könnte er die Müdigkeit und die vergangenen Ereignisse einfach abwischen, doch es gelang ihm nicht. Er spürte Bartstoppeln und Hornhaut. Mehr war da nicht. Und das konnte man nicht fortwischen.

«Susi … was machst du wohl gerade?» Das fragst du mich?

«Das war eine rhetorische Frage. Ich führe ein Selbstgespräch», gab Paul sarkastisch zurück. Gut, ich kann dir nämlich nicht antworten. Du kannst unmöglich wissen, was Susi jetzt macht. Das gehört nicht in diese Geschichte. Sonst wäre es ja Science-Fiction und du müsstest einen Hut tragen wie bei den ‚Jetsons'.

«So? Gehört es in diese Geschichte, dass ich dich hören kann?» Nein … Aber irgendwie doch.

«Warum darf ich dann nicht wissen, was Susi macht?» Ruf sie doch an!

Paul war verwirrt. Mit dieser nahe liegenden Antwort hatte er nicht gerechnet. In Gedanken sah er sein Handy auf dem kleinen Tisch neben dem Bett liegen. Vielleicht hatte Susi sogar ihn angerufen? Er wandte sich von der See ab und lief mit weit ausgreifenden Schritten zurück in sein Zimmer. Das Telefon zeigte nichts an, weder SMS noch Anrufe in Abwesenheit waren eingegangen. Sie hatte nicht versucht, ihn zu erreichen. War anderweitig beschäftigt. Paul dachte einen kurzen Moment daran, der Stimme in seinem Kopf etwas Böses zu erwidern, oder ihr einen Schlag mit dem Feuerlöscher zu versetzen, tippte aber stattdessen auf Susis Telefonbucheintrag.

«Ja?»

«Susi? Ich bin's.»

«Paul?» Durch die schlechte Verbindung hörte er den merkwürdigen Tonfall seiner Frau nicht. Paul nahm das Telefon runter und zischte: «Aber dank dir weiß ich es jetzt!» Und zu Susi: «Was denn, störe ich gerade?»

«Nein, quatsch. Ich freue mich, von dir zu hören. Wie geht es dir denn?»

«Ich glaube, ganz gut soweit. Der Kaffee ist mies hier. Aber durch dich bin ich in Bezug auf Kaffee ziemlich abgehärtet.» Den letzten Satz fügte er nur in Gedanken hinzu. Susi lachte über den miesen Kaffee.

«Und sonst ... ich meine, mit der Stimme und so ...»

«Na ja, ich kann mich mit ihm ganz gut unterhalten. Ist zwar ein wenig dumm, aber ich glaube, er ist harmlos.» Auf der anderen Seite Stille, dann: «Du machst gerade einen deiner Scherze, oder?»

«Nein. Es ist so, wie ich sage. Aber keine Sorge. Es geht mir schon besser.» Im Hintergrund hörte Paul etwas, das erst wie eine erneute Störung, ein Rauschen klang. Paul war nicht klar, dass es sich um eine Männerstimme handelte.

«Du Schatz, ich muss Schluss machen, die Schwester kommt. Ciao!» Damit legte er, ohne auf eine Antwort zu warten, auf und warf das Handy auf sein frisch gemachtes Bett.

«Was hast du da gesagt? Eine Männerstimme?» Ja.

«Wer? Kenne ich ihn?» Paul dachte angestrengt nach. Doch bei all den bekannten und unbekannten Gesichtern war die Antwort unerreichbar fern. Wütend verließ er sein Zimmer und schlug die Türe hinter sich zu, hoffend, die Stimme möge von der Türe aufgehalten werden.

Er ging wieder zurück ans Meer, schließlich war er nun schon einmal hier, im hohen Norden, und da sollte man die Vorzüge dieses Landstrichs genießen, so gut es ging. Und obwohl er es nicht zugeben wollte, die Wellen hatten doch eine beruhigende Wirkung auf ihn.

Als Bayer ist das nicht leicht zuzugeben. Noch dazu als Augsburger, die ja eigentlich Schwaben sind.

«Kannst du vielleicht einfach die Klappe halten? Ist mir doch scheißegal ob ich Augsburger, Regensburger oder Landsberger bin ... nur Münchner muss nicht unbedingt sein.»

Als das Telefongespräch jäh endete, sah Susi etwas verdutzt auf ihr Handy. Hatte er etwas gemerkt? Wie denn? Vielleicht hatte er nur ins Blaue geraten. Sie tröstete sich damit und goss sich noch etwas lauen Kaffee ein. Er schmeckte bereits bitter, hatte zu lange auf der Wärmeplatte gestanden, während Susi mit anderen Dingen beschäftigt gewesen war.

Von hinten griffen starke Arme um ihre Taille, wie zufällig glitten die Finger dezent an ihren Brüsten vorbei und stützten sie. Sie lehnte sich an, schloss die Augen und dachte nach. Nein, er konnte nichts wissen, woher denn? Und selbst wenn, sie selbst hatte ihn doch beim Ficken dieser dummen Drogenschlampe erwischt. War das wirklich erst wenige Tage her? Seit sie sich ihrem neuen Helden hingegeben hatte, schien ihr die Zeit Ewigkeiten lang, als hätte sie ein ganzes Leben mit ihm verbracht.

«Du, ich muss langsam los. Sehen wir uns heute Abend?», raunte er mit falschem italienischen Akzent an ihr Ohr.

«Ja, klar. Ich will jetzt nicht alleine sein. Halte mich noch einen Moment, ja?» Seine Arme spannten sich leicht und drückten Susi sanft. Sie drehte sich in der Umarmung herum und klammerte sich an ihn. Dass er dabei besonders auf ihren Busen achtete, fiel ihr nicht auf. Er küsste sie noch mal auf die Stirn und verschwand dann im Adamskostüm auf dem Klo.

Irgendwie war die schöne Stimmung schon wieder verschwunden. Susi fühlte sich nicht mehr wohl und beschützt. Sie fühlte sich plötzlich verraten und im Stich gelassen ... von sich selbst. Ihr Schritt schmerzte leicht und was sie vor Minuten noch als ein Zeichen der Liebe zu ihrem Helden empfunden hatte, war jetzt nur noch ein wundes Gefühl.

Sie war nicht nur Paul, sondern auch sich selbst untreu geworden. Leichter Ärger, unterstützt von dem bitteren Geschmack des Kaffees, machte sich in ihr breit. Und dann ausgerechnet mit Eddie!

Die Spülung rauschte und der oberbayerische Italoverschnitt kehrte zurück. Er kratzte sich kurz im Schritt und strich sich über das Brusthaar, ehe er seinen Jogginganzug vom Boden auflas und damit den Helden in seine Alltagskleidung packte. «Wo ist deine Brille, Clark Kent?», dachte sie und lehnte sich an die Wand im Flur. Eddie verschnürte die Hose und an der Haustüre rief er noch ein «Ciao, bella!» zurück. Dann krachte die Tür ins Schloss und Susi war allein.

Noch immer stand sie da, wo die Arme des neuen Helden sie gehalten hatten, wo sie alleine gefallen war. Doch der Held war weg. Hatte seine Markierungen zurückgelassen, in ihr und auf dem Klo. Susi fühlte sich mit einem Mal beschissen. Sie wollte jetzt jemanden, auf den sie wütend sein konnte, jemanden zum Anschreien, jemanden, der sich das alles anhörte und sie schließlich in die Arme nahm und sagte: «Es wird schon! Komm her!»

Jemanden, der eben kein Held war. Jemand, der sich um sie kümmerte. Jemand wie Paul ... ohne das Wissen, dass er mit dieser Tussi gefickt hatte.

«Warum? Warum ist uns das alles passiert! Was haben wir getan?» Sie nahm die zerfledderte Ausgabe von ‚Wege in die Dunkelheit' in die Hand und verschwand wieder in einer Welt aus Vampiren und wahrer Liebe. Liebe, die nicht ohne Leid war, aber bei der das Leiden wichtig, richtig und wunderschön erschien. Und nicht so sinnlos, wie hier in dieser Wirklichkeit. Der Schmerz würde aufhören, dachte sie noch, als sie aufrecht auf dem metallenen Küchenstuhl saß, das Buch aufschlug und die erste Zeile des neuen Kapitels las. Er würde aufhören, der Schmerz. Bestimmt.

Kapitel 10

«Du wolltest mir doch nichts sagen!» Was habe ich denn gesagt? Ich habe dir nichts gesagt.

«Ja? Und was war das gerade eben? Susi und Eddie? Glaubst du ich bin taub?» Das konntest du nicht hören. Das war nicht für dich bestimmt.

«Hallo? Hallo! Ich habe jedes verschissene Wort gehört! ‚Seine kräftigen Arme, er umarmte sie, er küsste sie ...' Für'n Arsch!» Das solltest du nun wirklich nicht hören. Das ist mir peinlich.

«Und warum nicht?» Damit ändert sich der Lauf der Geschichte. Das war so nicht geplant. Du hättest nicht zuhören sollen. Jetzt habe ich ein Problem.

«So? Dann hättest du mir vielleicht sagen sollen, dass ich mal eben weghören soll! Du Arschloch! Ich höre Stimmen, lande in einer Seebad-Klapse und muss mitanhören, wie meine Frau einen schmierigen Italo-Bayer poppt und mich mal locker zum Gehörnten macht! Und dann erzählst du plötzlich noch, dass du alles, was passierte, geplant hast! Ich glaube, du kannst mächtig froh sein, dass ich dich nicht sehe! Ich würde dir sonst nämlich die Fresse polieren! Der Strohhalm als Besteck wäre dir sicher! Und komme mir nicht wieder mit ‚das' war nicht so geplant!»

Mittlerweile hatte sich neben einigen anderen Kurgästen auch das Personal der Klinik bei Paul eingefunden. Er stand am Strand, eine braune Strickjacke über dem leichten Schlafanzug, dazu die Plastiksandalen der Klinik. Wild gestikulierend lief er strandauf, strandab. Er schrie und antwortete auf Fragen, die niemand außer ihm hörte.

«Und? Dann sollen sie halt glotzen! Die sind hier doch eh alle bescheuert! Ich habe noch ein Hühnchen mit dir zu rupfen und bevor das nicht geklärt ist, können mich die anderen mal!»

«Herr Winter. Nun beruhigen wir uns erst einmal und dann kommen Sie am besten mit uns mit. Wir gehen zu Dr. Kröger und der wird sich dann mit Ihnen unterhalten, in Ordnung? Sie erschrecken ja die anderen Kurgäste. Kommen Sie.» Die Schwester hatte sich aus der Menge gelöst und ging auf Paul zu, die Hände zur Abwehr leicht erhoben.

«Fass mich nicht an, du alte Konfiskat-Kuh! Lass mich in Ruhe!» Paul drehte sich weg und stürmte durch die Menschentraube, die sich um ihn gebildet hatte, dem Meer entgegen. Er spürte den feuchten Sand an seinen nackten Zehen und zwischen der Sandale und seinem Fuß. Zusammen mit dem kühlen Wind war dieser Meerblick für den Mallorca-Urlauber Paul Winter eine gänzlich neue Erfahrung.

«Drauf geschissen! Zurück zum Thema! Kannst du mich steuern? Ist alles, was ich mir überlegt habe, alles, was ich tue, eigentlich nur dein Wille? Bin ich deine beschissene Marionette, deine Puppe?» Das kannst du so nicht sagen. Ich wollte nicht, dass du mich hören kannst. Aber es ist geschehen.

«Aber du hast gesagt, du hattest es anders geplant. Also steuerst du doch! Oder du versuchst es zumindest!» Auch das hättest du nicht hören sollen.

«Und wieder ein Haufen drauf! Red endlich Klartext, zum Donnerwetter!» Paul, ich berichte von deinem Leben. Mehr mache ich nicht. Ich berichte, was du tust und was um dich herum geschieht.

«Und wieso erinnere ich mich nicht an die Zeit zwischen unserem Gespräch im Krankenhaus und heute?» Darüber habe ich nicht berichtet.

«Ist das die Antwort oder eine dumme Ausrede? Willst du damit sagen, ich kann mich nicht daran erinnern, weil du es nicht erzählt hast? Was heißt das? Was ist das für ein Leben, das ich führe?»

In diesem Moment traten zwei kräftige Herren in Weiß auf Paul zu und nahmen ihn sanft bei den Armen. Als er sich wehrte, sie mit einem «Ihr Huftiere! Lasst mich gefälligst in Ruhe!» beschimpfte, packten sie etwas fester zu und schleppten ihn wieder in die Klinik.

Noch bevor sich die Türe hinter ihm schloss, schrie er: «Du kannst mir nichts mehr vormachen! Das hast du dir doch gerade ausgedacht! Du willst einfach nicht mehr mit mir sprechen! Und jetzt sollen mich deine Willis hier ruhig stellen! Toll!» Paul wehrte sich noch eine Weile, zuckte in den muskulösen Armen hin und her, doch wie er es vorhergesehen hatte, gab es einen kurzen Moment später die Spritze und dann wieder die traumlose Lethargie des Beruhigungsmittels. In seinem Inneren allerdings brodelte es. Seine Miene blieb steinern, aber in den Augen loderte das Feuer der Verzweiflung und wuchs, da keine Tränen flossen, um es zu löschen.

«Weißt du eigentlich, wie beschissen man sich fühlt, wenn man daliegt und sich nicht bewegen kann, während die Welt sich unerbittlich weiterdreht, wenn man spürt, wie das Leben Party macht, aber man selbst nicht eingeladen wurde?» Nein.

Pauls Stimme klang gebrochen. Die bleckenden Flammen in seinen Augen waren einem dumpfen Grau gewichen. Ein Blick auf die Uhr: 22.43. Es war ruhig in der Klinik. Die Notbeleuchtung summte im Hintergrund und alle paar Sekunden hörte er das Blinken einer kaputten Neonröhre.

«Warum lässt du mich leiden?» Warum mit einem Mal so weinerlich? Kommt da die Erziehung deiner Mutter durch?

Paul verstummte augenblicklich. Er starrte in die Dunkelheit, suchte aufs Neue die Quelle der Stimme. Die Anzeige des Weckers schimmerte rot. Sein Atem ging stoßweise und er hatte sichtlich Mühe, sich wieder zu beruhigen.

«Warum bringst du meine Mutter ins Spiel?» Entschuldige, sensibles Thema.

«Was auch immer. Lass sie da raus, ja? Warum kannst du mich nicht einfach in Ruhe lassen? Ich will dich doch gar nicht hören!» Es wäre mir auch lieber, wenn du mich nicht hören könntest.

Paul lachte kurz und verächtlich. In der nächtlichen Stille klang es wie ein überlautes Bellen. Er stand auf und nahm sich seinen Plastikbecher – ein Glas hatten sie ihm verweigert – mit Orangensaft-Instant-Getränk. Er wünschte sich ein schönes kühles Bier, aber hier im Norden gab es ja nur billige Brause, nicht zu vergleichen mit einem richtigen bayerischen Bier.

«Genau!» Durch die Beruhigungsmittel seines natürlichen Tagesrhythmus' beraubt, zog er sich den Bademantel an und verließ sein Zimmer. Spärliche Beleuchtung. Im Linoleumboden, vom täglichen Wischen mit scharfen Reinigungsmitteln stumpf geworden, spiegelten sich die Neonlampen, diffus und träge schimmernd. Die Tür zum Ausgang lag von Paul aus betrachtet vor dem Schwesternzimmer und so gelangte er ungesehen ins Freie. Kalter Wind empfing ihn vor der Tür. Wieder zum Strand?

«Was? Keine Ahnung. Einfach etwas frische Luft schnappen. Sonst fällt mir die Decke auf den Kopf. Wann komme ich wieder nach Hause?» Das weiß ich nicht.

«Jetzt hör doch mal auf mit deinen beschissenen Spielchen. Werde ich wieder nach Hause kommen? Ich will heim.»

In dieser Welt ist kein Platz für Menschen, die ‚wollen'! Allein die Vorstellung, jemand könnte sagen: ‚Ich will!', ist so fremd geworden, dass wir beim Formulieren einer Bitte deren Ablehnung geradezu herausfordern!

«Hör auf rumzusülzen. Ich will heim! Wann komme ich nach Hause?» Verzeihung, das ist der Stammtischphilosoph in mir. Aber ich weiß es nicht. Wirklich.

Paul wanderte etwas zwischen dem ersten Herbstlaub umher, dann übermannte ihn fröstelnd eine neue Welle der Müdigkeit, schließlich ging er zurück und legte sich schlafen.

Um neuerliche Ruhigstellungen zu vermeiden, bemühte sich Paul ernsthaft, die Stimme zu ignorieren. Und falls es ihm einmal nicht gelang, verzog er sich aufs Klo oder an den herbstlich leer gefegten Strand und führte die Unterhaltung in angemessener Lautstärke. So wurde Pauls Situation und damit sein Krankheitsbild seitens des betreuenden Personals schon bald als ‚sich bessernd' eingestuft. Nur seine Seufzer wurden länger, tiefer, und ihm war, als verlöre die Welt all ihre Farbe für ihn.

Die kommenden Tage verbrachte Paul zum größten Teil im Strandkorb 255. Seine Überlegungen kreisten ausschließlich um die Frage, wie er die Stimme wieder loswerden konnte. Dabei bemerkte er gar nicht, dass die Tage kürzer und kühler wurden. Die Gischtkronen der heranrollenden Wellen waren fleckig braun und selten war der Himmel noch klar. Die meiste Zeit verdeckten schwere Wolken die Sonne.

«Das ist doch absurd!», sagte er eines Tages zu sich selbst. «Das muss alles ein Traum sein! Total abgedreht! Eine merkwürdige Stimme bestimmt über mein Leben, und ich muss wohl auch noch dankbar sein, dass sie nicht sagt, ich solle die Nordsee-Klapse, in der ich sitze, in Brand stecken. Ich höre einer dämlichen Stimme zu und warte auf Antworten, anstatt mich mit den Menschen zu unterhalten, die mir was bedeuten. Susi? Susi, wo bist du?»

Auf dem Weg zurück in die Heimat sprach Paul nicht ein einziges Wort. Er saß in einem schrecklich stinkenden EC auf dem Gang, einen Seesack unter sich. Den hatte er sich, quasi als Andenken, an seinem letzten Tag gekauft. Aus Langeweile hatte er begonnen, die männlichen und weiblichen Besucher des Zugklos zu zählen. Er hatte mit sich gewettet, dass mehr Frauen aufs Klo mussten als Männer. Klassische Geschichte, dachte er sich, die Frauenblase war doch sogar wissenschaftlich anerkannt. Susi hatte auch so eine. Immer wenn er schon im Auto saß, auf dem Weg in den Urlaub oder zu einem Konzert, verschwand sie noch einmal auf dem Örtchen. Sie war förmlich auf Werbepausen angewiesen. Und im Kino musste sie mindestens einmal pro Film. Paul hasste es, weil er ihr, unter dem mürrischen Geraune seiner Kuschelsitz-Nachbarn, erzählen musste, was inzwischen passiert war.

Ab und zu stand er auf, um sich die Beine zu vertreten. Die Fahrt sollte rund acht Stunden dauern, doch schon kurz nach Bremen hatten sie zwanzig Minuten Verspätung. Paul musste grimmig lächeln, wenn er daran dachte, dass es in ihm genauso aussah wie draußen: stürmisch und herbstlich, kalt und ungemütlich.

Er steckte sich eine Zigarette an. Dabei fiel ihm auf, dass er die ganze Zeit während seiner Kur nicht geraucht hatte. Nach einem kräftigen Zug, drückte er die frische Zigarette auf dem feuchten Boden aus. Nicht wieder mit einer schlechten Gewohnheit anfangen, ermahnte er sich. Doch dann hielt er inne. Vielleicht war dies ein Trick des Erzählers. Schließlich sollte der Held – er grinste schief bei diesem Wort und dachte an He-Man – ein Vorbild sein ...

Man hatte ihn schließlich aus dem Sanatorium entlassen. Doch das war keine Bescheinigung geistiger Gesundheit. Eindringlich hatte Dr. Kröger ihm geraten, auch zu Hause ärztliche Hilfe in Anspruch zu nehmen. Er hatte ihm wohlwollend ein paar Adressen auf einem Karteikärtchen in die Hand gedrückt; wahrscheinlich hatte seine Sekretärin nur kurz das Augsburger Telefonbuch durchstöbert, aber egal.

Bei dem Wort Sekretärin musste er lachen. Als Bill Clinton noch Präsident war, hatte Paul hämisch festgestellt, dass das Wort Sekret in dieser Berufsbezeichnung steckte, allerdings nicht klar war, ob die betreffende Dame von Berufs wegen nun geschluckt oder gespuckt hatte ... Damals hatte er diesen Witz nur zu gerne erzählt. Die Tatsache, dass Susi den Witz nicht mochte – schließlich arbeitete sie auch als Sekretärin – hatte ihn nicht stoppen können. Erst als sie ihm bei einer Party vor allen Freunden und Bekannten eine Szene gemacht hatte, verschwand der Witz aus seinem Repertoire. Zu schade, dass Susi keinen anderen Job hatte, dachte Paul, dann würde er den Witz wieder anbringen können.

So ratterte er im Rhythmus des Zuges gedanklich durch sein bisheriges Leben. Und wie die Fahrt selbst waren auch die Erinnerungen, auf die er stieß, unbequem. Der Tod seines Vaters tauchte wieder auf, die Szene, als Susi ihn mit Constanze erwischt hatte ...

Paul sehnte sich nach Stillstand, danach, dass der Zug nicht mehr führe und seine Gedanken sich nicht mehr bewegten. Er wartete auf den Zeitpunkt, an dem das Verwischen der Landschaft aufhörte und das ständige Zittern der Bilder einem klaren Blick nach draußen wich.

Doch erst mal musste auch er aufs Klo. Sollte er sich bei den Männern dazuzählen? Das hätte Gleichstand bedeutet. Er entschied, sich als Schiedsrichter nicht mitzuzählen, um seine Theorie nicht zu widerlegen.

In Stuttgart schließlich änderte der Zug seine Fahrtrichtung. Paul wurde unruhig. Hatte er vergessen umzusteigen? Wieso fuhr der Zug nun wieder zurück? Er richtete sich auf und blickte durch das kleine Fenster der roten Tür. Er suchte nach Dingen, die er zuvor schon gesehen hatte, aber aus dem Zug betrachtet, sah Deutschland ohnehin immer gleich aus, und so fand er nichts, was ihn weiter beunruhigt oder beruhigt hätte.

Endlich tauchte ein Schaffner auf.

«Entschuldigen Sie, wir fahren in die verkehrte Richtung.»

Über den Rand seiner John Lennon Brille hinweg musterte der Bahnbeamte den merkwürdigen Fahrgast. Dann folgte sein Blick Pauls Finger nach draußen in die tanzende Landschaft.

«Ach so, jetzt weiß ich, was Sie meinen: Aber Stuttgart ist doch ein Kopfbahnhof! Eine Sackgasse gewissermaßen ... Und wenn es partout nicht weitergeht, muss man eben umkehren und einen anderen Weg suchen, nicht wahr?» Er zog geräuschvoll die Nase hoch, richtete kurz seine Tasche und ließ Paul im Gang stehen. «Noch zugestiegen? Die Fahrkarten, bitte!»

‚Wenn es nicht weitergeht, muss man sich einen neuen Weg suchen, um das Ziel zu erreichen', so ungefähr klangen die Worte in Pauls Kopf nach. Für einen Bahnbeamten klang das schon sehr weise, beinahe universell einsetzbar, auch über das reine Bahnleben hinaus! Hatte der Erzähler ihm diesen John Lennon, diesen Bono der Deutschen Bahn geschickt, oder war es einfach nur Zufall?

Paul überlegte. Wie sahen seine Ziele aus? Zurück zu Susi? Zu Constanze? Zu seinem alten Job? Zurück ...?

Der Zug fuhr rückwärts und mit einem Mal war es Paul, als trüge ihn die Bahn zurück in seine Vergangenheit, auch wenn die Zeiger der diversen Bahnhofsuhren in jedem Ort das genaue Gegenteil sagten.

Es war bereits dunkel und kalt, als er in Augsburg ankam. Der Bahnsteig war bis auf den Müll und die Süßigkeitenautomaten beinahe leer. Reklame säumte den Bahnsteig. Das Lächeln makelloser Zähne, die Leere der Augen – ein Produkt.

Niemand erwartete ihn. Die wenigen Reisenden, die mit ihm ausgestiegen waren, verliefen sich schnell. War auch er nur auf der Durchreise, auf der Suche nach seinem Anschluss?

Er schlang die braune Strickjacke seines Vaters enger um seinen Körper. Über der rechten Brust hatten sich aus der groben Wolle einige Maschen gelöst und der Faden hing widerspenstig aus dem regelmäßigen Muster. Paul schloss die zwei verbliebenen Knöpfe und schulterte sein Gepäck.

Seit er erfahren hatte, dass Susi mit dem Fitness-Italiener geschlafen hatte, hatten sie nicht mehr miteinander gesprochen. Was würde er nun sagen, wenn er ihr gegenübertrat? Was würde er sagen, wenn er nach Hause kam? Nach Hause ... Alles in seinen Gedanken hatte die Färbung von Vergangenheit, diesen leichten Braunstich wie auf alten Fotos. Er haftete auch seinen Erinnerungen an. Selbst die Stimme seiner Frau klang so.

Rückwärts!

Zurück.

Er kehrte zurück, zurück – nach Hause! Aber das war es, was Paul auf keinen Fall wollte. Er wollte sich nicht umdrehen, nicht rückwärts gehen. Keinen Schritt zurück, nicht einen einzigen.

Erst als Paul bemerkte, dass er von zwei Sicherheitskräften argwöhnisch gemustert wurde, setzte er sich schließlich doch in Bewegung. Das leblose Licht schmerzte in seinen Augen. Das warme und heiße, das trockene Licht des Sommers war dem kalten Licht dieser Nacht gewichen.

Auf dem Bahnhofsvorplatz blickte er sich kurz um. Straßenbahnen fuhren um diese Uhrzeit nicht. Busse wohl auch nur zur vollen Stunde. Er stellte sich vor, wie die Taxifahrer ihn als potenzielle Beute einstuften. Würde er es weit haben? Vielleicht Gersthofen? Oder Friedberg? Oder nur eine Fahrt um die Ecke? Zum Eissportstadion oder in die Altstadt, wo die Pauschale deutlich mehr ausmachte als die verfahrenen Kilometer?

Aber sie waren sich sicher, bei diesem Wetter würde sich niemand zu Fuß auf den Weg machen. Niemand, der bei klarem Verstand war.

Paul grinste breit und verdrehte die Augen. Festen Schrittes ließ er Bahnhof und Taxifahrer hinter sich. Schwarze, nasskalte Pflastersteine, manche davon mit einem weißlichen Kaugummifleck, lagen vor, unter und hinter ihm. Dann kam der Asphalt.

Er blickte auf seine Schuhe und folgte jedem einzelnen Schritt, als wäre jeder von ihnen extrem wichtig. Indem er sich vergewisserte, dass er vorwärts lief und einen Schritt nach dem anderen machte, versuchte er dem Gedanken zu entkommen, der ihn rückwärts gehen sah.

Nur vorwärts.

Einfach geradeaus.

Er wandte sich nicht nach links, würdigte das Stadttheater keines Blickes, und ging nicht in Richtung der Wohnung seines Vaters. Aber er ging auch nicht nach rechts, Richtung Maxstraße und damit in Richtung Susi und Zuhause. Er ging einfach geradeaus, setzte einen Fuß vor den anderen, den Leonhardsberg hinunter.

Schließlich fand er sich im Jacob's wieder, wo er ein Bier bestellte.

Während er trank, dachte er nach. Er war wieder hier, doch er war nicht zurückgekehrt – das gefiel ihm! Aber wie konnte er es beweisen? Schon ein paar Minuten später zahlte er, überquerte die Straße und steuerte direkt auf ein heruntergekommenes grünes Gebäude zu.

Kapitel 11

Er saß auf dem quietschenden Bett in einem Zimmer in dem grünen Hotel und starrte auf den Seesack, der zwischen seinen Füßen lag. Eigentlich war es ziemlich kindisch, hier im Hotel zu sitzen, anstatt einfach nach Hause zu gehen, dachte er. Aber er wollte noch nicht reden. Nicht jetzt. Nicht mit Susi, nicht mit Bert, auch nicht mit dem Nachportier. Selbst mit Constanze nicht, obwohl es wohl kaum Worte gewesen wären, die sie hier gewechselt hätten.

Die Bahnfahrt steckte ihm tief in den Knochen. So viele Stunden war er untätig gewesen. Neunundzwanzig Frauen, siebzehn Männer hatte er aufs Klo gehen sehen, sich nicht mitgerechnet. Unzählige Menschen waren zum Speisewagen und wieder zurück gepilgert, mit einem Eis oder einem Kaffee, dessen braune Brühe über den Becherrand schwappte, sobald der Zug einen Ruck tat. Wie der Kaffee wohl im Zug geschmeckt hätte?

Beladen mit schweren Erinnerungen, trat er ans Fenster und blickte auf seine Stadt, zumindest auf diese eine dreckige, schummrige Gasse, durch die, geduckt, die ein oder andere Gestalt huschte, sein Leben streifte, um dann wieder zu verschwinden, anonym.

Und doch war er irgendwie wieder zu Hause. Wieder hier. Doch er war nicht zurückgekehrt, versicherte er sich nochmals.

«Okay. Und jetzt halt einfach die Klappe! Ich bin wieder in Augsburg, wieder hier, das hast du schön gesagt. Und ich bin heute nicht bei Susi, Constanze, Bert, Eddie, auf dem Friedhof bei meinem Vater oder dem ollen Hufnagel, weil ich ganz einfach nicht will! Nicht, weil es sich nicht ergab. Nicht, weil ich Schiss habe, nein! Mir geht es überhaupt nicht darum, heimzukommen. Ich will nicht! ... Für die nächsten Tagen habe ich mir einiges vorgenommen. Dinge müssen geklärt werden. Und morgen geht es los.» Dann blickte er zurück in sein Zimmer und in seinen Augen funkelte eine bis dato nicht gekannte Entschlossenheit. «Und bis dahin ist Sendepause!»

Am nächsten Morgen stand Paul mit geschultertem Seesack vor dem Eingang seiner nächtlichen Bleibe. Das Hotel hatte seine besten Tage bereits hinter sich ... So wie die ganze Stadt, ergänzte er in Gedanken. Jetzt wollte er ohne Umweg nach Hause, zu Susi. Grimmigen Blickes setzte er sich in Bewegung.

Die Uhr zeigte kurz nach halb acht. Susis Kaffee war genau in diesem Moment fertig. Gerade in dem Moment, als er seinen Fuß auf die Schwelle setzte. Und obwohl er den Schlüssel leise ins Schloss schob, spürte er, wie in der Küche der Atem angehalten wurde und eine Bewegung erstarrte. Wie in Zeitlupe, wie in einem beschissenen 8oer-Jahre-Videoclip auf MTV legte er die Schlüssel in das Körbchen und stellte den Seesack in die Ecke.

Sein eigener Schweiß stieg ihm in die Nase, und als er sich wieder aufrichtete, erkannte er in ihm das Gestern; das letzte Mal hatte er an der Nordsee geduscht. Auch eine Rasur war überfällig, sagte ihm ein Blick in den Spiegel.

Dann wieder Zeitlupe. Er überlegte allen Ernstes, welcher Videoclip aus den Achtzigern mit einer Slow-motion-Sequenz aufwarten konnte, doch die einzigen drei Clips, die ihm einfielen, waren ‚Safety Dance', ‚Take on me' und ‚Girls just want to have fun'. Und keines davon enthielt eine solche Sequenz.

Er marschierte den Flur entlang zur Küche. Selbst durch seine Turnschuhe meinte er die kalten Fliesen zu spüren.

Er hielt den Atem an und berührte die metallene Klinke, die die Wärme seiner Handflächen schnell absorbierte und ihm daher noch kühler erschien als die Fliesen. Das konnte er sich noch immer merken, denn sein Physiklehrer hatte gemeint, wenn es im Sommer zu heiß wäre, könnte man einfach immer wieder ein Stück Metall berühren, um sich Kühlung zu verschaffen.

Die Tür schwang auf und er sah, wie sie ihr Buch schloss und es neben die Kanne mit dampfendem Kaffee legte. Der Umschlag bog sich nach oben. Das kleine blaue Lesezeichen zeigte ihm, dass sie beinahe fertig war.

Er hörte das Ticken der blauweißen Uhr. Sein Ticken. Das Ticken der vielen ungesagten Worte, des Schweigens.

Susi saß ungewöhnlich gerade auf dem Stuhl. Ihr Haar war etwas länger, zumindest kam es ihm so vor.

Dass sie zitterte, sah er nicht. Schließlich sog er spitz die Luft ein, als hätte er ein Leben lang nicht mehr geatmet.

«Ich bin wieder hier.» Paul dachte an Westernhagens Lied: ‚In meinem Revier...' und die Melodie klang wie ein Echo aus zurückliegenden Zeiten. Und wirklich, der Rhythmus seiner Worte passte zu diesem schönen Song.

«Ja», antwortete sie ihm, und sie wollte das Wort nicht enden lassen. Er ging vorsichtig auf ihren Rücken zu, umrundete ihn eine Ewigkeit, um sich schließlich ihr schräg gegenüber hinzusetzen. Der Platz, auf dem er sonst saß, blieb unberührt.

«Hallo.» Und nach einer weiteren Ewigkeit: «Wie geht es dir?»

«Das sollte ich dich eigentlich fragen.» Sie versuchte ein Lächeln, strich über den Umschlag ihres Liebesromans und blickte verlegen auf ihr Kostüm.

Paul überraschte die sanfte Antwort ein wenig, doch er schüttelte nur leicht den Kopf.

«Nein. Mir ist wichtig, wie es dir geht. Wir haben lange nicht miteinander gesprochen. Heute möchte ich gerne mit dir reden und dir zuhören.»

Sie lächelte und für einen Moment wurde ihr Gesicht unscharf durch den dampfenden Kaffee.

«Ich habe die Heizung noch nicht angemacht, es ist kalt», sagte sie und sah zu Boden.

«Aber du hast Kaffee gekocht.» Für einen kurzen Augenblick wusste er nicht, ob er sich auch eine Tasse holen sollte, aber er wollte diesen Moment nicht zerstören, wollte vielleicht sogar einen neuen Augenblick der gemeinsamen Vertrautheit schaffen.

«Du magst meinen Kaffee doch gar nicht.» Das erste Mal seit Wochen suchte sie seine Augen, suchte mehr: ihn.

«Da hast du Recht», gab er zu, das erste Mal ganz freimütig und ohne Umschweife, «aber ich mag dich!»

Jetzt war sie es, die in Ewigkeiten verharrte. Sie versuchte Sarkasmus, Ironie oder irgendetwas Verletzendes in seinen Worten zu erkennen. Sie suchte so lange, bis ihre Gesichter wieder unscharf wurden und der Moment verstrich.

«Ich muss gleich zur Arbeit.»

«Ich weiß», antwortete er, noch immer ohne Spott, ja nicht einmal enttäuscht.

«Können wir heute Abend reden ...?» Ihre Stimme versagte bei diesem Satz und sie benötigte einen zweiten Anlauf, ihn zu vollenden.

«Ich würde dir auch gerne zuhören.»

Er lächelte sie an. Sie lächelte schüchtern zurück und nahm die Tasse in die Hand. Nach einem Schluck schüttete sie den Rest in die Spüle.

«Weißt du, ich mag ihn auch nicht besonders. Ich habe den Dreh mit dem Kaffeekochen einfach nicht raus. Aber es ist der Geruch. Den brauche ich jeden Morgen ..., so, wie ich dich brauche.» Sie schenkte ihm mit diesem Satz erneut eine Ewigkeit. Er hallte in Pauls Gehirn wider, und in jenem Moment, war die Vergangenheit plötzlich wieder erstrebenswert. Die schöne Zeit mit Susi, als er sie im Arm gehalten hatte, küssend, lachend, wo alles nicht so trist war, so ...

«Paul, ich habe eine große Dummheit begangen, ich ...»

Schnell schüttelte er den Kopf, er musste es verhindern, das wusste er. Warum schenkte sie ihm diese Momente der Vertrautheit, um ihm danach alles zu nehmen? Er stand ganz nah bei ihr, legte ihr schüchtern einen Finger auf die Lippen, ängstlich, die Berührung käme zu früh.

«An Katastrophen wächst man, heißt es. Aber weißt du, ich glaube, ich bin schon groß genug.» Er lächelte und wirkte wie der Junge, der er einst war. «Geh jetzt ... und heute Abend reden wir.»

Er hätte sie gerne in den Arm genommen, doch sie stellte ihre Kaffeetasse auf die Spüle und flüchtete wortlos in den Tag. Die Tränen, die im Flur flossen, sah er nicht, er sah nur, wie die leere Tasse noch etwas dampfte, ein Andenken an alles, was vergossen worden war.

Obwohl sein Kopf nicht besonders schwer war, brauchte er beide Hände, um ihn zu stützen. Susi war wortlos gegangen, jede weitere Silbe für den Abend aufsparend.

«... aber bis dahin muss ich noch ein paar Dinge erledigen.» Er trank einige Schlucke Wasser aus dem Hahn, dann machte er sich auf zur Metzgerei.

Doch vorher tauschte er diese elende Strickjacke gegen seine eigene, eine Jeansjacke. Den Seesack ließ er in der Ecke neben der Tür stehen, seine Reise war zu Ende. Gepäck brauchte er nicht mehr.

«Hey, Paul! Mensch Alter! Wo warst du so lange?», wurde er von Bert begrüßt. Er sprang hinter der Theke hervor und drückte den Heimkehrer fest an die speckige Schürze. «Wo hast du die ganze Zeit gesteckt? Du warst plötzlich wie vom Erdboden verschluckt. Ich habe Susi einmal getroffen, aber sie wollte nichts sagen, nur dass du einen Unfall hattest. Und, was gibt's Neues? Oder halt, das machen wir wohl besser heute Abend bei einem Bier!»

«Rate!»

«Keine Ahnung. Susi ist schwanger?», lachte Bert ihn an.

«Ich möchte meinen Job wieder haben. Ich möchte wieder bei euch anfangen.»

«Wenn das nicht mein verlorener Sohn Paul Winter ist!», tönte die Stimme des Meisters durch den Vorhang. Paul sah nicht, wie Berts Freude in Entsetzen umschlug.

Mit einem Handtuch wischte sich der Chef die Hände ab, dann drückte er die ihm entgegengestreckte Hand herzlich. «Du hast dich verdammt lange nicht mehr blicken lassen! Aber so sind sie, die jungen Leute!», meinte er mit einem Grinsen.

«Herr Höfler, ich würde gerne wieder bei Ihnen anfangen. Ich weiß auch nicht, was damals in mich gefahren ist. Aber wenn Sie möchten, kann ich sofort wieder anfangen, ab heute.»

Berts Vater wurde schlagartig ernst. Er knüllte das Handtuch in seinen riesigen, haarigen Händen. Mit stoischer Miene verfolgte Bert die Szene, seine Hände tief in den Hosentaschen vergraben.

«Paul, das freut mich,» begann der alte Höfler, «aber weißt du, deine Kündigung war gar nicht so falsch. Nicht dass du kein guter Metzger wärst, ganz im Gegenteil. Schließlich habe ich dich ausgebildet. Aber ich hätte dich damals ohnehin nicht mehr lange halten können. Versteh das bitte nicht falsch, aber es läuft zur Zeit wirklich nicht gut. Schau es dir an: Wir haben kurz nach acht und es ist kein Mensch im Laden!»

Paul nickte und mit jedem Nicken sank sein Kopf etwas mehr zu Boden.

«Paul, krieg das nicht in den falschen Hals! Ohne deine gute Teewurst fehlt uns was, ganz klar. Du bist wirklich der Beste in diesem Fach, und die erste Wahl, wenn ich jemanden einstellen würde ... aber gegen die Wirtschaftskrise ist kein Kraut gewachsen. Vor allem bei uns kleinen Betrieben sieht's mager, sehr mager aus.»

«Ich verstehe ... Trotzdem vielen Dank für alles.» Paul wandte sich schon zur Tür, als Bert ihn am Arm festhielt.

«Hey, nimm's nicht so schwer! So 'ne Scheiße passiert im Leben immer wieder. Gehen wir doch heute Abend einen trinken, okay? Im Skippers?»

«Ich kann nicht. Susi und ich haben heute etwas vor. Bis denn.» Damit trottete er aus der Metzgerei. Er musste mehrmals schlucken, bis er sich wieder unter Kontrolle hatte. War sein neuer Weg schon jetzt zu Ende? Hätte Paul heute Abend den alten Job als Friedensangebot präsentieren wollen?

«Ach, was weißt du schon! Du kannst mich am Arsch lecken! Weißt du, ich habe wirklich versucht, dich zu ignorieren, aber manchmal gehst du einfach zu weit!»

Die Dame, die gerade mit ihrem Hund durch das herbstliche Wetter Gassi ging, blickte empört zu Paul auf, sagte aber nichts. Der kleine Mösenlecker, wie Paul kleine Hunde in Gedanken immer nannte, kläffte ihn wild an, aber das machte Paul nichts aus. Ein Fußtritt und der Hund würde auf die andere Straßenseite fliegen.

Mit dem Handy am Ohr ging er in Richtung Altstadt. Er ließ es klingeln. Nach dem siebzehnten Mal – ja, er zählte mit, obwohl er wusste, dass das Klingeln des Telefons nichts mit dem Freizeichen zu tun hatte – antwortete ihm eine verschlafene Stimme am anderen Ende: «Ja?»

«Ich bin's, Paul.»

«Mensch Paul, weißt du, wie spät es ist? Es ist ...» Sie schwieg einen kurzen Moment «Es ist viertel nach neun! Um so eine Uhrzeit ruft man doch nicht bei einer Dame an! Besonders nicht bei mir, denn wenn ich um diese Uhrzeit geweckt werde, vergesse ich meine Manieren!»

«Du hast gesagt, ich kann dich jederzeit anrufen und sehen ... Und du gehörst doch mir!» Sie zog geräuschvoll die Nase hoch. Im Hintergrund hörte er ihre Bettdecke rascheln. Dann ein tiefes Seufzen.

«Paul. Warum nimmst du alles so wörtlich? Sei kein Arsch!»

Wieder Schweigen.

Er stellte sich vor, wie sie in feurigen Dessous in einem großen französischen Bett lag, die rote Satin-Bettwäsche lasziv zurückgeschlagen. In Wirklichkeit jedoch trug sie das Nachthemd ihrer geliebten Oma mütterlicherseits, gemustert nach der neuesten Mode von damals, und lag eingemummelt in ihrer Biberbettdecke mit den grünen Streifen.

«Ich sag dir was, ich schwänze heute die Schule – das habe ich nun eh schon fast – und wir treffen uns gegen Mittag am Dom. Dann können wir reden. Ich muss jetzt Schluss machen, sonst wecke ich Mama auf. Ciao.»

Paul hätte jetzt zumindest das Tuten der unterbrochenen Leitung gebraucht, um wieder Fuß in der Realität zu fassen, aber da war nur die Stille des Äthers. Ohne es zu merken, hatte er schon während des Gesprächs die Richtung geändert, befand sich nun wieder auf dem Weg nach Hause.

«Na komm, sag es schon! Ich befinde mich auf dem Weg zurück – das wolltest du doch gerade sagen», schnaubte Paul.

«Weißt du, es ist mir scheißegal, ob ich schnaube oder nicht. Ich werde dich schon wieder los!» Mit weit ausladenden Schritten stürmte er in die Wohnung. Ein Griff, und der Seesack landete auf der Couch. Das dezente Blau, versetzt mit orangefarbenem Garn, war noch nie nach Pauls Geschmack gewesen, aber gerade jetzt kotzte ihn die Garnitur einfach nur an. Er leerte den Inhalt des Beutels aus und suchte nach dem Zettel mit den Adressen der Psychiater. Der Erste war wie der Bezug des Sofa, der zweite war eine Psychiaterin! Nein danke, von Frauen hatte er jetzt erst mal die Schnauze voll. Um ihn herum gab es schon genug, die ihm das Leben zur Hölle machten, vielleicht mit einer Ausnahme

Er ging die Namen der Reihe nach durch und fand schließlich alle hoffnungslos beschissen. Man konnte doch nicht Haglbauer heißen und erwarten, dass man ernst genommen wurde!

Letztendlich entschied sich Paul für das in seinen Augen geringste

Übel, nämlich für einen der sechs Herren. Der Name des Auserwählten lautete Prof. Dr. Ulrich Konrad Schambein. Warum er ihn gewählt hatte, konnte Paul auch nicht so genau sagen, aber zumindest hatte er es nicht weit bis zur Praxis. Er griff sich das alte Klappergestell von Interims-Telefon, zögerte dann aber und nahm schließlich doch sein Handy. Warum hatte sie noch keinen neuen Apparat gekauft? War das alte Ding wieder eine dieser stummen Anklagen «Du musst aus deinen Fehlern lernen! Ich kaufe kein Neues!», die Susi so liebte?

«Winter hier, guten Tag. Ich brauche einen Termin. Sie wurden mir empfohlen ... Ja, das weiß ich, aber ich zahle das Ganze selber. Wann? Heute Nachmittag wäre mir recht. Da muss sich doch etwas machen lassen ...» Pauls Hartnäckigkeit war es zu verdanken, dass er wirklich noch am selben Tag vorbeikommen durfte.

«Ja? Wirklich? Ich kann mich an das Ende des Gesprächs nämlich nicht erinnern. Ich glaube, d u wolltest, dass ich zum Psychofritzen gehe und mich volllabern lasse. Deshalb hast du es einfach so hingebogen, dass ich heute einen Termin bekomme. Und bevor du unendlich weiterquatschst, mache ich das doch lieber selber! Sollen deine Zuhörer mal sehen, was ich so draufhabe: Also, ich werde jetzt mal kurz in den Altpapiercontainer steigen und nach einer Samstagsausgabe der ‚Augsburger Allgemeine' suchen. Da stehen nämlich die Stellenanzeigen drin, und ich will ja auch wieder einen Job. Das mit der Metzgerei hat leider nicht geklappt, doch es wird ja wohl noch andere Stellen in dieser Stadt geben! Und wenn ich die Zeitung gefunden habe, werde ich ein bisschen rumtelefonieren.» Paul!

«Ich brauche nämlich einen Job, sonst macht Susi mir wieder die Hölle heiß und das wäre Gift für unsere Beziehung. Ich glaube, das wird nicht allzu schwer werden, schließlich bin ich ein guter Metzger und kann mit Fleisch umgehen.» Paul!

«Dann werde ich mich mit Constanze treffen, am Dom. Mal schauen, was die zu sagen hat. Ich meine, die wohnt noch zu Hause, geht zur Schule, arbeitet in einem SM-Studio und nimmt Drogen! Ja, da staunst du, was? Ich weiß nun, wo die Drogen herkamen und warum ich das Wort immer im Kopf hatte, aber nie zuordnen konnte!» Paul! Paul, bitte!

«Und schließlich werde ich zum Schambein – was für ein bescheuerter Name – gehen, um meinen Kopf mal durchschütteln zu lassen, denn zu dem wolltest du mich doch eh schicken, nicht wahr? Vielleicht gehe ich aber auch zu dieser blöden Dokteuse – mal sehen, ob du das eingeplant –»

«Was war das?» Paul sank atemlos zusammen. Er hatte Schweiß auf der Stirn und zitterte am ganzen Körper. «Hör auf mich zu beschreiben und sag endlich, was du gemacht hast!» Pauls Stimme überschlug sich vor Panik. «Was hast du gemacht?», murmelte er schließlich und die ersten Tränen rannen ihm über das Gesicht. Ich habe aufgehört.

«Was?» Ich habe für einen Moment aufgehört zu berichten. Wie fühlst du dich?

«Wie ausgekotzt. Als hättest du mich getötet.» Nun übertreibst du. Aber du musst verstehen, ich bin der Erzähler. Ich berichte und deute. I c h interpretiere diese Geschichte, nicht du!

«Kannst du das immer wieder machen?» Natürlich. Aber ich möchte es nicht.

«Ich bin nur ein kleines Männchen inmitten anderer, habe ich Recht? Wie sagt man so schön: Halt's Maul und arbeite, das ist Glück!»

Auf diese Frage erhielt Paul keine Antwort. Etwas mitgenommen raffte er sich auf und beim Blick auf die Uhr stellte er fest, es war Zeit, Constanze zu treffen. Die ‚Augsburger' war erst einmal vergessen. Außerdem war ja schon Donnerstag. Die nächste Samstagsausgabe war nicht mehr fern.

Kapitel 12

Er warf sich eine Hand voll kaltes Wasser ins Gesicht und ignorierte standhaft alle Kommentare, die ihm derzeit im Gehirn umherspukten. Schambein würde sich in wenigen Stunden damit auseinander setzen. Paul versuchte, dieses Problem nicht mehr als sein eigenes, sondern vielmehr als das Problem des Psychodoktors anzusehen.

Das kalte Wasser tropfte an seiner Haut herab in das weiße Waschbecken. Kalkflecken versteckten sich, als das Wasser darüber strich. Der Kalk verfärbte sich nach einer Weile immer braun. Dann war es Zeit, mal wieder das Sieb zu wechseln. Paul betrachtete die winzigen Reflexionen im Wasser.

Ein weiterer Schwung kalten Wassers spritzte in sein Gesicht. Er spürte die Kühle, spürte die Feuchtigkeit, das Abperlen und er fühlte, wie das Wasser herabbrann.

Er fühlte es! Es war sein Gesicht! Wie sollte jemand in der Lage sein, ihm das zu nehmen? Er pisste noch kurz ins Waschbecken und spürte, wie der Druck der Blase nachließ. Das war doch real, oder? Er hatte Lust auf ein Bier, doch als er sich mit der Zunge über die Lippen fuhr, war es nur Wasser. Echtes Wasser.

Er rülpste. Auch das war echt.

Er verstaute seinen Seesack wieder in der Ecke und verließ die Wohnung.

«Hallo Cowboy! Hier bin ich!»

Zunächst sah er sie nicht. Sie saß, die Beine baumelnd, auf dem Dach eines Honda. Sie lächelte keck wie eh und je. Als Paul näher kam war, sprang sie ihm entgegen. Dabei flatterte ihr Rock in der kühlen Luft. Für einen kurzen Moment sah Paul den weißen Slip blitzen.

«Hallo.» Etwas betreten suchte er nach den richtigen Worten. Als er ihre Ungeduld bemerkte, schluckte er kurz. «Wollen wir uns in ein Café setzen? Bist eingeladen.»

Sie nickte nur und hakte sich bei ihm ein. Etwas unsicher steuerte Paul sein Anhängsel in eine Konditorei und setzte sich ihr gegenüber.

«Was gibt es denn nun so Wichtiges, dass du mich aus dem Schlaf klingelst?» Wieder das irritierende, freundliche Lächeln, dass einerseits sehr liebe- und verständnisvoll wirkte, aber auch eine gewisse Unverbindlichkeit hatte, die Paul frösteln ließ.

«Machst du dich lustig über mich?»

«Nein, das wäre zu einfach», kicherte sie.

Paul blickte auf den alten Kaffeefleck vor ihm, während sie in der Karte blätterte und schließlich eine heiße Schokolade und ein Stück Prinzregententorte bestellte. Er selber wollte nur ein Wasser, was ihm einen missmutigen Blick der Bedienung einbrachte.

«Du hast mir so viel erzählt. Dass du einfach machst, was du willst. Du warst in meinen Augen so unabhängig. Deine ... deine Sexualität ...» Er flüsterte dieses Wort. «Du hast mich beeindruckt und im Sturm mein Herz erobert.» Sein Blick war noch immer starr auf den Fleck geheftet. So bemerkte er nicht, wie Constanze verträumt aus dem Fenster sah.

Wie so oft, wenn es wichtig wurde, machten seine Gedanken einen Ausflug und er fragte sich, wie der Fleck wohl auf diese Tischdecke gekommen war. Hatte ihn ein Mann im Streit mit seiner Frau verschüttet? Hatte sie ihm den Kaffee ins Gesicht geschüttet, weil sie von ihm beleidigt worden war? Oder war die Bedienung vielleicht nur etwas unachtsam gewesen?

«Hey? Träumst du?»

Dieses Mal war das Lächeln eindeutig gespielt und unecht. Wie eines von diesen Spielzeugautos, die toll glänzen, aber wenn man sie anfasst, dann ist es kein Metall, sondern nur Plastik. Zwar von Vorteil, wenn dir ein größerer Junge das Auto auf den Fuß wirft, weil es ihm nicht gefällt, aber mit einem Plastikauto würdest du erst gar nicht in den Sandkasten gelassen! Wo trieben seine Gedanken denn hin?

Constanze fuhr fort: «Weißt du, ich glaube schon, dass ich so bin, wie ich es dir erzählt habe. Aber es ist nicht so einfach, wie du es dir vielleicht vorstellst. Ich meine ...», aber auch ihr fehlten die passenden Worte.

«Du hast gesagt, du willst eine Sklavin sein, um die Freiheit spüren zu können. Warum nimmst du dann Drogen? Ich meine, es heißt nicht umsonst ‚abhängig'.»

«Das mache ich doch nur zum Spaß. Um in Fahrt zu kommen.» Sie lächelte die Bedienung an und hoffte insgeheim, diese hätte nichts von den Drogen gehört. Der Kuchen landete vor ihr auf dem Tisch und ein Bierdeckel verdeckte jetzt größtenteils den Aufmerksamkeit auf sich ziehenden Fleck vor Paul. Wasser und Schokolade.

«Ich weiß, dass diese Antwort eine Lüge ist», sagte er ruhig und nippte an seinem Wasser. Die viele Kohlensäure machte es beinahe ungenießbar. Nur zu gerne hätte er laut und vernehmlich aufgestoßen, aber mit dem verbliebenen Anstand entließ er die Luft geräuschlos.

«Du hast dich verändert Paul.» Sie klang nun wie ein beleidigtes Kind, das unbedingt etwas haben wollte, was Mama und Papa weggeräumt hatten, weil es nie damit gespielt hatte.

«Ich war auch lange genug weg. Du warst nicht unschuldig daran.» Jetzt war es Constanze, die still auf ihre Finger sah und die Gedanken schweifen ließ. Sie dachte an den gemeinsamen Sex. An ihr gegebenes Versprechen, Paul eine dienstbare Sklavin zu sein.

«Scheiß doch mal auf dieses Sklavinnengetue! An der Haltestelle habe ich mich total verliebt in dich. Seitdem gingst du mir nicht mehr aus dem Kopf. Zeitweise kam es mir so vor, als lebte ich nur für dich! Und dein Brief nach dem Unfall hat mich tief verletzt. Doch jetzt, wo ich dich sehe, ohne die rosa Brille, ohne dieses bescheuerte Verliebtsein, tust du mir eigentlich nur Leid.» Paul schluckte. So sollte es nicht klingen. Scheinbar gedankenverloren spielte sie mit ihrem Löffel, zählte die Schichten der Torte. Paul hätte beinahe laut aufgelacht. Seine Worte hallten beinahe ewiglich in ihrem Kopf, jedoch ohne ihre Bedeutung.

«Und der Sex hat dir nichts bedeutet?», fragte sie schließlich.

«Was ist denn das für eine Frage?»

«Du hast offensichtlich ein Problem mit mir.»

«Ja und? Was hat unser Sex damit zu tun?»

«Okay, Sex ist keine Lösung, aber es ist Sex! Und wenn man Sex hat, dann ist der Rest doch nicht so wichtig.»

«Weißt du, wie du jetzt klingst? Wie eine pubertierende Männerphantasie. Ich nehme es dir einfach nicht ab. Du spielst mit den Männern, was bei deiner Profession in Ordnung ist, aber spiel nicht mit meinen Gefühlen.»

«Warum nicht?»

«Weil ich dich geliebt habe. Es war zwar etwas plötzlich und auch ich habe diese Männerphantasie geliebt. Aber nur, weil ich glaubte, sie wäre real!»

«Die Realität wird überschätzt.»

«Das mag sein, aber die Liebe wird unterschätzt.»

«Die Liebe und das Verliebtsein sind doch totaler Scheiß! Der Körper macht einen Selbsttest, indem er alle Hormone und Antennen auf Maximum stellt. Wenn er sieht, es funktioniert alles, lässt er die Systeme wieder auf halber Kraft laufen und damit geht die Beziehung in den Arsch. Danach glaubt man, diese Gefühle nie wieder empfinden zu können. Die Liebe ist einfach nur ein Test, so wie die AU oder der TÜV beim Auto.»

«Dann hast du wohl noch nie geliebt.» Paul dachte in diesem Moment an Susi.

Trotzig schob sie sich einen großen Löffel Buttercreme und Biskuit in den Mund, als wären die Kalorien ihre Rache an Paul.

«Wie konnte es nur so weit mit uns kommen?», seufzte er in sein Wasserglas nach einer langen Pause des Schweigens.

«So wie ich dich kennen gelernt habe, würde ich sagen, es begann in dem Moment, als du aufgehört hast zu leben. Nur, das war lange bevor du mir an der Straßenbahnhaltestelle Feuer gegeben hast.»

«Du warst meine Göttin, Constanze! Ich habe dich geliebt!»

«Götter kommen und gehen auf dieser Welt, weißt du? Und was soll ich mit einem toten Ding, das mich liebt?»

«Aber ich lebe doch jetzt!»

«Aber ich liebe nicht!»

Sie saßen noch etwas beieinander und mit jedem stummen Augenblick wurde Paul klarer, dass er sie nicht mehr wiedersehen würde. Nicht, weil sie ihn jetzt verachtete, nicht, weil sie ihn nicht mehr mochte, sondern weil er sie nicht mehr sehen wollte. Er würde bezahlen, sie noch einmal umarmen und schließlich würde jeder seiner Wege gehen. Die anderen Gäste in dem Café widmeten sich langsam wieder ihren eigenen Angelegenheiten, als Paul der Bedienung das Ende von Kuchen, Schokolade und Wasser bedeutete. Sein Glas war noch halb voll. Ja, in diesem Fall zähle ich mich zu den Optimisten, dachte Paul.

Kurze Zeit später bezahlte er, gab aber kein Trinkgeld, als kleine Rache für den hässlichen Fleck. Dabei stellte er sich die Uniform noch etwas tiefer ausgeschnitten und die Brüste etwas größer vor, dann erhob er sich von seinem Platz, kurz bevor eine Erektion ihn länger am Tisch gehalten hätte.

«Ich muss dann los. Habe noch einen Termin.»

«Schon okay», antwortete sie kalt. Doch einen Augenaufschlag später lächelte sie wieder so süß und verführerisch wie am ersten Tag.

Paul hätte beinahe alles zuvor Gesagte bereut, hätte lauthals widerrufen und ihr seine ewige Liebe beteuert. Sie stand vor ihm, die Hände vor ihrem heißen Schoß verschränkt, den Blick von unten herauf an ihn gerichtet, beinahe wie ein Rotkäppchen, das auf ihre Entjungferung wartete. Paul hätte ihren Rock am liebsten hochgezogen, sie auf die Reste der Prinzregententorte geworfen, um sich mit seinem Schwanz, vorbei am weißen Höschen und dem Kaffeefleck, den Weg zu ihrer ...

Stattdessen drückte er sie, drehte sich ohne ein weiteres Wort um und verließ das Café. Er betete, dass sie seine Erektion nicht gespürt hatte.

«Mann, wenn du nicht die ganze Zeit dazwischengelabert hättest, wäre mir das Ganze wesentlich leichter gefallen! Es ist schwierig, sich zu konzentrieren, wenn ständig einer im Hintergrund quatscht. Das macht die Sache nicht einfacher.» Aber vielleicht interessanter.

«Ich mag mich nicht in Räumen mit kalten weißen Wänden aufhalten. Da gehört mindestens ein Bild hin! Etwas, das mir zeigt, dass hier jemand lebt, was den Raum wohnlich macht. Ich sehe ein paar Stühle, wie sie in Arztpraxen üblich sind: Leder und Metall. Einfach und ungemütlich. Natürlich, er hat hier viele Pflanzen stehen, aber deswegen wirkt es nicht besser. Zimmerpflanzen sind wie stumme Haustiere. Sie brauchen Wasser, Nahrung und, wie manche behaupten, sogar Zuwendung, aber sie geben dir nichts! Haustiere wollen noch viel mehr, bringen aber auch nichts, außer Arbeit. Da sind mir Steine lieber ...» Paul, das hatten wir schon einmal. Du bist aber gehässig heute.

«Ich höre mir gar nicht zu.» Aber ich höre dir zu.

«Ich weiß. Und weil ich weiß, dass du da bist, unterhalte ich mich mit mir selbst. Ich bin mir ein angenehmerer Gesprächspartner als —»

«Herr Winter? Prof. Dr. Schambein erwartet Sie», sagte die Sprechstundenhilfe und betonte dabei den Titel so, als färbe sein Klang und seine Kompetenz auf sie ab. Dabei war sie wahrscheinlich sogar für eine Fleschereifachverkäuferin zu dämlich, grinste er.

Sein Chef hatte immer wieder betont, nach welchen Kriterien er die Damen einstellte: «Die dusseligen Puten tun doch alle nix. Dann sollen sie wenigstens eine Augenweide sein, von vorn wie von hinten. Von vorne für die Kundschaft, von hinten für mich.» Und Himmel, ja, diese Teenie-Göre war eine geile Granate.

Sie führte Paul in einen Raum mit zwei bequemen Sesseln. Der eine war abgewetzt an den Armlehnen, sodass der dunkle Bezug helle Stellen bekommen hatte, während der andere beinahe wie neu wirkte, makellos und ruhend.

Am Schreibtisch vor der Fensterreihe saß der Doktor, der Paul nun von seiner Krankheit, wie es weithin genannt wurde, heilen sollte. Schambein war ein hagerer alter Mann mit tiefen Falten um den schmalen Mund, der so gar nicht der freundlichen und wohlwollenden Vorstellung eines Psychiaters entsprach. Sein spitzer Blick über den Rand eines günstigen Kassengestells erfasste den neuen Patienten und seine lange, dürre, knöchrige Hand schnellte ihm entgegen, während er sich kurz von seinem Platz erhob. Er trug einen grauen Anzug, der wie ein riesiges Zelt aussah, allerdings mit zu kleinen Zeltstangen darin.

«Herr ... äh, Winter, ja? Ich bin gleich bei Ihnen, nehmen Sie Platz. Ja hier, genau.» Der Psychiater wirkte nervös und überkorrekt. Und nach dem kantigen Händedruck sank der Kopf Schambeins wieder zurück in die Akte. Paul nahm vor dem Schreibtisch in einem billigen, niedrigen Bürostuhl Platz, der im Vergleich zur übrigen Einrichtung deplatziert wirkte. Geradezu albern.

«Eigentlich vereinbare ich so kurz...äh...fristig keine Termine, schon gar nicht, wenn es sich um einen neuen Patienten handelt. Es ist ein außer...äh...ordentliches Entgegenkommen meinerseits. Ich hoffe, Sie würdigen dies», dabei sah er kurz auf, «besonders im Hinblick auf die Art und diagnostizierte Schwere Ihrer Erkrankung.» Damit schloss er die Akte und sah seinen Patienten erwartungsvoll an. Sein Blick bohrte sich förmlich durch Pauls Gehirn und es war, als könne dieser Mann all seine Gedanken ergründen.

«Herr Schambein, Ihre Kollegen von der Nordseeklinik haben mir eine Liste mit Namen gegeben und Sie waren ganz oben ...» Er zuckte die Achseln.

«Entschuldigen Sie, Herr... äh ...Winter. Meine Zeit ist kostbar und ich schätze, auch Ihre gibt es nicht umsonst. Nicht ohne Genugtuung kann ich sagen, ich bin eine Koryphäe auf meinem Gebiet. Fangen wir also an.» Er wies auf die beiden Sessel und erhob sich mit der braunen Akte unter dem Arm. Schambein überragte Paul um mehr als zwei Köpfe, er war sehr groß, beinahe hoch, nochmals betont durch seine dürre Gestalt. Als beide auf ihren vorgesehenen Plätzen saßen, schlug Schambein die Akte wieder auf und überflog die Zeilen, als sähe er sie zum ersten Mal. Nur las er sie nicht, er dachte viel mehr an die Möglichkeiten der privaten Abrechnung. Aus eiskalt berechnenden Augen sah er seine Beute an.

«Herr ... äh ... Winter» Der Psychiater musste immer wieder einen Blick auf die Akte werfen, bevor er den Namen seines Patienten sagte. «Sie hören also Stimmen?»

«Ja. So steht es wohl auch da drinnen, oder?» Paul deutete auf seine Akte.

«Sicher, sicher. Ich höre die Dinge nur gerne noch einmal mit den Worten des Betroffenen.» Mit den Worten des Verrückten.

«Mit den Worten des Verrückten.»

«Äh, wie bitte?»

«Mit den Worten des Verrückten. Das war es, was die Stimme gerade sagte. Sie ist wie der Erzähler einer, nein, meiner Geschichte.»

«Das klingt allerdings interessant. Quasi ein losgelöstes Über-Ich, oder allgemeiner formuliert ein omnipräsenter Narrator. Wirklich interessant. Und was erzählt er Ihnen alles?»

«Einfach alles. Er sagt mir, wie ich mich fühle, woran ich gerade denke, und einmal hat er mir sogar Dinge erzählt, die ich gar nicht wissen konnte!» Paul zögerte. «Und manchmal unterhalten wir uns auch.»

«Sie sprechen von der Stimme als männliches Ego, ist Ihnen das bewusst?»

«Es ist ja auch eine männliche Stimme!» Paul verstand nicht, dass sich Schambein mit dieser Kleinigkeit aufhielt. Eine geile Schnalle wäre ihm auch lieber gewesen. Der Professor kritzelte etwas in einer unleserlichen Schrift auf ein leeres Blatt, als eine Wolke draußen am Himmel zerriss und Paul vom grellen, aber kraftlosen Licht der tief stehenden Sonne geblendet wurde. Er hielt seine Rechte schützend vor die Augen.

«Herr ... äh ... Winter, im Befund sprachen Sie von Stimmen, also Mehrzahl, ja? Momentan sprechen wir aber von einer einzigen Stimme. Was ist mit den übrigen geschehen?»

«Es ist eine Stimme. Es waren nie mehr.» Paul horchte kurz in sich hinein. War da vielleicht eine weitere Stimme? Vielleicht hörte er sie nur nicht so deutlich wie diesen Erzähler, der ihn zum Psychiater gebracht hatte.

«Was haben Sie? Ist Ihnen nicht wohl? Vielleicht ein Glas Wasser?» Schambein beugte sich etwas vor.

Paul hatte die Augen geschlossen und widerstand gerade noch dem Reflex, sich die Schläfen zu massieren. Die bissige Antwort schluckte er hinunter.

«Ich habe nur gerade nach weiteren Stimmen gesucht», antwortete er schließlich.

«Und?»

«Nichts.»

Der Professor nickte und schrieb wieder etwas auf.

«Und der Erzähler. Wann spricht der zu Ihnen?»

«Immer», antwortete er hastig, «immer, wenn niemand anderes spricht. Wenn Sie und ich schweigen, dann beginnt er zu erzählen, wie es hier aussieht, wie das Licht mich blendet, er beschreibt ihre Statur und so weiter.»

«Das ist wirklich hochinteressant. Also wie der Erzähler in einem Buch, der dem Leser die Umgebung beschreibt, damit dieser sich das Geschehene im passenden Kontext vorstellen kann?»

«Ganz genau. Ich glaube fast, ich wurde von dieser Stimme erschaffen. Und nun lenkt sie mich, nährt mich ... Doch ich bin stark genug und brauche sie nicht! Ich will frei leben. Hau ab! Fick dich!»

«Herr ... äh ... Winter», wieder der Blick auf die Akte, als sei der Patient die lebendige Zusammenfassung der Notizen, «Sie scheinen sich der Problematik bewusst zu sein und suchen nun nach einem Ausweg. Das erscheint mir aber noch etwas verfrüht. Meiner Meinung nach sollten wir zunächst einmal in den nächsten Wochen Ihre soziale Stellung erarbeiten und analysieren. Danach werden wir uns, falls erforderlich, auch medikamentös, mit der Stimme befassen. Ich werde mich mal schlau machen, was es da an neuen Thera ... äh ... pieansätzen gibt.»

Paul seufzte.

«Herr Winter?»

«Es ist nur, solange wir sprechen, schweigt die Stimme. Ein paar kurze Zwischenrufe, aber das war es schon. Sie sprechen, ich spreche, Sie fragen, ich antworte – dabei ist kein Platz für die Stimme. Bis auf diese kleinen Zwischenrufe ist in meinem Inneren alles still und ruhig.»

«Sie wollen sagen, die Stimme ist sonst immer da?»

«Das sage ich doch die ganze Zeit! Egal was für ein Lärm gerade ist, solange niemand spricht, ist sie da. Selbst durch den größten Lärm ist sie laut, klar und deutlich.»

«Wann hörten Sie die Stimme denn zum ersten Mal?»

«Das war nach meinem Unfall, also mehr nach meiner Verletzung, nach dem großen Streit mit meiner Frau.» Und nun erzählte Paul die Geschichte in groben Zügen noch einmal, jedoch ohne Constanze zu erwähnen.

«Das ist sehr interessant, Herr ... äh ... Winter», quittierte Schambein das Geschilderte.

«Was denn? Ich habe doch gar nichts erzählt! Als ich anfangen wollte, unterbrach mich die scheiß Stimme! Ich habe noch nicht ein Wort erzählt! Ehrlich!»

«Aber natürlich haben Sie. Sie haben beinahe zwanzig Minuten über den Hergang der Gehirn ... äh ... erschütterung gesprochen.» Er deutete auf seine Armbanduhr, ein schlankes flaches Herrenmodell mit weinrotem Lederarmband.

«Schnauze! I c h will die Geschichte erzählen!»

«Herr ... äh ... Winter, glauben Sie mir, Sie haben mir die Geschichte erzählt. Woher sollte ich denn sonst die Details kennen? Da hilft es auch nichts, wenn Sie ausfällig oder laut oder beides werden.» Er deutete auf die Akte und die zahlreichen Blätter, die allesamt mit dieser unleserlichen Geheimschrift bekritzelt waren. Es waren in der Tat mehr als vorher.

Kapitel 13

Nachdem die erste Sitzungsstunde um war, entschloss sich Schambein insgeheim, eine weitere Stunde anzuhängen. Er hatte heute nur noch einen späten Termin und den restlichen Nachmittag nicht wirklich etwas zu tun. Außerdem begann der Fall ihn wirklich zu interessieren. Im Vergleich zu den gewöhnlichen Verrückten, die er jeden Tag betreute, war dieser hier ja wirklich kreativ in seinen Wahnvorstellungen! Und nicht zuletzt die Aussicht auf ein nebenbei eingestrichenes Honorar versetzte den Professor in große Verzückung.

Jemand, der steif und fest behauptete, er höre die Stimme des Erzählers seiner eigenen Geschichte, verbunden mit Erinnerungslücken bei den in einem Buch oder einem Film unvermeidlichen Szenewechseln – das war, soweit Schambein wusste, einzigartig. Vielleicht konnte er diesen Fall abschließend sogar in der Fachpresse veröffentlichen; allein dafür gab es schon gutes Geld. Eventuell würde man ihn dann auf Kongresse einladen und er hätte endlich wieder einen Grund, ohne seine Frau und mit seiner Sprechstundenhilfe auf Reisen zu gehen.

Während er noch einmal kurz in Gedanken die Fakten durchging, zeichnete seine Hand völlig eigenständig kleine Euro- und Dollarzeichen auf das letzte Blatt mit den Notizen. Die kleinen Euros gelangen ihm allerdings nicht so recht.

Paul unterdessen blieb still und lauschte leicht verärgert der Stimme des Erzählers.

«Herr ... äh ... Winter, was Sie erzählen, ist geradezu ungeheuerlich. Einen solchen Fall hatte ich noch nie. Sie haben, wenn ich das mal zusammenfassen darf, das Gefühl, nicht länger Herr über Ihr eigenes Leben zu sein. Der Erzähler, wir einigten uns auf den Singular, schickt Sie von Szene zu Szene und berichtet, wem auch immer, von Ihren Taten und Gedanken. Gleichzeitig geschehen Dinge, die auch der Erzähler nicht vorhersehen konnte, wie Sie sagten, zum Beispiel die», seine Lippen verzogen sich zu einem süffisanten Lächeln, «Episode mit Ihrer Frau.» Doch seine Augen veränderten sich nicht, sie betrachteten Paul kalt und stechend.

«Ja, so ungefähr fühlt es sich an. Und besonders da nur ich diese

Stimmen höre, fühle ich mich eben wie ein Aussätziger. Erst die Kur, jetzt die Therapie, das ist doch nicht normal.»

«Herr Winter», er schaffte es das erste Mal, den Namen ohne ein ‚Äh‘ zu sagen, «was ist schon normal? Doch nur der Versuch, nicht normal zu sein.»

«Das habe ich schon mal gehört.»

«Nun, Herr ... äh ... Winter, so wie Sie die Vorgeschichte erzählten, drängt sich mir der Gedanke auf, dass Sie doch genau das wollten. Ich meine jetzt nicht die Stimme und so weiter und so fort. Nein, ich spreche von der Ausgrenzung, dem Freisein. Das war doch Ihr eigentliches Ziel.»

«Wie meinen Sie das?»

«Sie berichteten, wie Sie Ihre Arbeitsstelle kündigten, weil Sie unzufrieden waren und sich nicht in dem Maße verwirklichen konnten, wie Sie sich das vorstellten.» Schambein musste schmunzeln bei der Vorstellung, wie ein Metzger sich wohl verwirklichen wollte. Vielleicht durch das Modellieren von Ballerinas aus einem Pfund gemischtem Hack. «Sie gingen zu einigen Freunden auf Distanz und in einigen weiteren Aspekten Ihres Lebens beobachte ich die gleiche Tendenz: Der Versuch, Freiheit zu erlangen, durch Abschottung, durch Abgrenzung. Doch hier verwechseln Sie Freiheit mit Einsamkeit. Ich möchte Ihnen an dieser Stelle einen Rat geben, nicht als vorweggenommenes Ergebnis Ihrer Therapie, nein, einfach als Tipp für Ihr Leben: Die Art von Freiheit, die Sie suchen und in Teilen wohl auch schon gefunden haben, ist nicht sehr gesund. Denn wenn Sie diese Unabhängigkeit erst einmal erreicht haben, gibt es nichts mehr, zu verlieren. Und das ist kein Zustand, den man anstreben sollte.»

«Und was raten Sie mir stattdessen?»

In diesem Moment klopfte es und der sündig junge Star aus Pauls Pornophantasien steckte den kleinen Kopf durch den Türspalt. Er sah, wie sie mit ihren vollen Lippen jedes ‚O‘ überdeutlich und lasziv betonte. «Herr Professor Doktor Schambein», klimperte sie vergnügt und rollte das unerotische Augsburger ‚R‘ gegen das geile ‚O‘: «Frau Kalois ist jetzt hier und wartet.» Damit verschwand der Blasmund wieder und die Tür schlug wuchtig zu.

Als Pauls Blick zu Schambein zurückkehrte, hatte dieser bereits wieder an seinem Schreibtisch Platz genommen und verstaute gerade Pauls Akte in einer Schublade.

«Was tun Sie da?»

«Herr Winter, Ihre Zeit ist um.» Er zuckte mit den Schultern. «Ich habe Ihnen sogar eine doppelte Stunde – sonst nicht meine Art – eingeräumt. Nächste Woche um dieselbe Zeit?»

Paul, vor der Unumstößlichkeit in Schambeins Tonfall resignierend, nickte. Als er das Sprechzimmer verließ, hörte er noch: «Die Rechnung schicken wir Ihnen dann mit der Post, ja?». Das dusslige Frauenzimmer lächelte ihn an und er genoss es, in Gedanken ihre anatomischen Vorzüge freizulegen und zu ‚bearbeiten'. Paul lächelte grimmig zurück.

Vor der Tür atmete Paul die kühle Luft tief in seine Lungen. Er ließ den Kopf hängen, als wäre es bereits eine alte Marotte von ihm, und besah sich seine dunklen alten, aber sehr bequemen Schuhe. Langsam wandte er sich zum Gehen, setzte vorsichtig einen Fuß vor den anderen.

«Musst du mir noch mehr aufs Gemüt drücken? Ich finde, es reicht, wenn einem alle Welt sagt, man sei verrückt! Ein Scheißtag!» Da stimme ich dir zu.

«Na danke für die Blumen.» Paul setzte sich auf den kalten Gehsteig. «Constanze ist eine dumme, Göre. Ich brauche dringend einen Job und der Schambein freut sich auf den nächsten Dauergast auf seiner Couch! Ich frage dich: Kann es noch schlimmer kommen ...? Ja, Moment, ich weiß, die ...» Schambein hat keine Couch. Und ja, es geht. Es geht immer noch ein bisschen schlimmer. Aber für heute belassen wir es dabei. Die Rechnung von Schambein kommt ja erst in ein paar Tagen.

«Danke!», spuckte Paul höhnisch aus. Er saß noch eine Weile grübelnd da, ehe er sich auf den Weg machte. Ein Mann kam ihm entgegen und argwöhnte sein befremdliches Benehmen, sich offensichtlich mit sich selbst zu unterhalten. Paul sah kurz auf, grüßte mit dem Mittelfinger, schrie ein kehliges «Fick dich!» und stieß beim Umdrehen mit seinem Bein gegen einen Metallpoller. Blitzschnell breitete sich der Schmerz aus. Im Hintergrund hörte er das Lachen des Mannes:

«Keine Angst, nichts tut so gut wie nachlassender Schmerz!»

«Scheiße, was sollte das? Ich meine, du hast doch gesagt, für heute reicht es!» Das ist meine Meinung, ja. Aber ich habe nicht gesagt, dass ich es beeinflussen könnte.

«Arschloch!» Humpelnd setzte Paul seinen Weg fort. Wieder zurück in der Wohnung warf er sich auf den Zweisitzer und ließ sich vom Fernseher berieseln.

Ob er geschlafen hatte, konnte er nicht sagen. Aber er schreckte hoch, als die Haustüre ins Schloss krachte. Susi war zu Hause. Mit einem Schlag war Paul hellwach und … unwohl. Ein Blick auf die Uhr verriet ihm, was Susis Kleidung einen Moment später nicht verheimlichen konnte: Sie kam aus dem Fitness-Studio, von diesem Pseudo-Italiener mit dem beschissenen Akzent. Ob sie wieder gefickt hatten? Susi bemerkte ihn zunächst nicht, sondern ging schnurstracks in Richtung Klo. Er hörte das Plätschern, richtete sich auf, griff nach der Fernbedienung und zappte gelangweilt in atemberaubender Geschwindigkeit zwischen Fußball, Boulevard, einem offensichtlich gestellten Polizeieinsatz und SpongeBob hin und her. Zwischendurch eine Richterin mit ihren Laiendarstellern und Werbung für einen bescheuerten Klingelton.

Die Spülung rauschte gedämpft. Dann hörte er sie näherkommen.

«Oh, hallo! Ich dachte …, ich meine, es ist schon eine Weile her, dass … Ich musste dringend pinkeln.» Sie deutete wage in Richtung Klo.

Paul stoppte seinen Wettlauf gegen die Fernsehunterhaltung bei einer Tierdokumentation. In Susis Gedanken war er eigentlich ausgezogen und tief in ihr regte sich ein wenig Groll gegen seine unvermutete Rückkehr. Es schickte sich nicht, ohne eine vernünftige Wiedergutmachung, ein langes, ausführliches Gespräch und den obligatorischen Sex wieder in der gemeinsamen Wohnung aufzutauchen und eine Dokumentation über die Wunder der Tiefsee auf irgendeinem Kulturkanal zu gucken.

Susi setzte sich ihm gegenüber in den Sessel, der im Grunde nur als Ablage für ihre Kuscheltiere diente. Und so saß sie nun, leidlich bequem zwischen Snoopy ohne Nase, Goofy und Teddy, einem Affen, zwei Schafen und einem Hund, auf dem Gesicht einer alten Micky-maus.

«Na?», hauchte sie schließlich in die kalte, zerbrechliche Stille, und ihr Wort kondensierte auf dem Fernseher. Paul drückte die Glotze in den Stand-by-Modus und blickte seine Frau durch das Dunkel an. Das Licht eines vorbeifahrenden Autos warf Reflexe auf ihr Gesicht. Die Flurbeleuchtung erhellte das Wohnzimmer nur wenig.

«Es war ein anstrengender Tag.»

«Ja? Bei mir ging's eigentlich.» Sie biss sich auf die Lippen und schwieg.

«Soll ich dir von meinem Tag erzählen?»

Sie zögerte kurz, rutschte auf Mickys spitzer Nase in eine etwas angenehmere Position und nickte schließlich mehrere Male, so, als wollte sie ihre Entscheidung betonen.

«Heute Morgen war ich beim Höfler und habe um meinen alten Job gebeten, damit ich wieder eine Arbeit habe.» Er machte eine kur-ze Pause, als wollte er diese Aussage wirken lassen. «Aber er wollte mich nicht mehr haben, sagte, er hätte mich sowieso bald feuern müssen. Von wegen konjunkturelle Lage und so.» Er zuckte mit den Achseln. «Dann habe ich mich mit ...», wieder zögerte er und sog tief Luft ein, «Constanze getroffen, um die Geschichte ein für alle Mal zu beenden.» Er betonte das letzte Wort und knurrte gleich darauf, we-gen der Bemerkung des Erzählers. Paul konzentrierte sich auf seine Worte und fuhr fort: «Anschließend habe ich mir einen Psychiater gesucht und bekam auch gleich einen Termin für heute. Hm, ist wohl das Glück der Dummen. Da war ich dann am Nachmittag. Scham-bein heißt der Kerl. Der ist widerlich, aber ich glaube, er ist schon ein guter Arzt, irgendwie. Schließlich habe ich ja derzeit ein Problem, das ich in den Griff bekommen möchte. Ich glaube nur, dass das einfach etwas dauert. Tja, danach kam ich wieder heim. Wir hatten uns ja für heute Abend verabredet ... Und, wie war dein Tag?»

Sie zögerte etwas, ließ das Gehörte sacken, während die sich be-mühte, eine gute Zuhörerin zu sein. Sollte sie etwas zu seinem Tag sagen? Sollte sie darauf eingehen? Sie entschied sich dagegen.

«Ich war im Büro. Es war wieder Zeit für die neuesten Zahlen vom

Steuerberater. Also bin ich zu Emi in die Steuerkanzlei gefahren, um den Monatsbericht abzuholen. Wolfgang hat sich ja noch nie für die Kennzahlen interessiert. Und meiner Meinung nach macht es der Laden nicht mehr lange. Die Insolvenz ist nur noch ein Frage der Zeit. Vor ungefähr vier Wochen habe ich begonnen, mich nach einer neuen Stelle umzusehen … Aber es ist nicht so einfach. Ich habe ja damals keine Ausbildung gemacht, sondern einfach bei Wolfgang angefangen. Das rächt sich jetzt. Überall heißt es, ohne Ausbildung können wir Sie leider nicht anstellen.» Sie presste die Lippen aufeinander und sah richtig hilflos aus, nur ohne die sonst übliche Sexausrede. In der Dunkelheit wirkten ihre Augen noch größer, während der Rest langsam im Schatten verschwand. «Und nach der Arbeit musste ich mich abreagieren. Da bin ich noch etwas in der Gegend rumgefahren, das Radio voll aufgedreht, und hab mitgegrölt.» Sie lächelte.

Wie schön sie Paul erschien mit diesem Lächeln.

«Ich war beim Haus deines Vaters. Ich dachte, vielleicht bist du da …» Sie überlegte, kurz, ob sie weiterreden sollte, aber dann sprudelten die Worte nur so aus ihr heraus: «Und als du nicht da warst, war ich froh. Was hätte ich auch tun sollen? Plötzlich wollte ich doch nicht zu dir. Nicht nach Hause, nicht zu dir, nicht zu den Worten, die wir wechseln würden und nicht zu der Stille, die sich dazwischen ausbreiten könnte. Ich wollte nicht mehr denken, nicht mehr die Wirklichkeit spüren, mit all ihrer Härte und Ungerechtigkeit. Ich hätte mich gerne wie Alice hinter den Spiegeln verkrochen – kennst du Alice? –, aber ich spürte, wie mich die Uhren immer weiter auf diesen, unseren gemeinsamen Moment zutrieben. Ich konnte nicht ausweichen und wollte es auch nicht, aber ganz ohne Widerstand ging es dann doch nicht. Ich brauchte zumindest Aufschub, etwas mehr Zeit, ein paar Minuten, ein paar Stunden, einfach alles, was ich kriegen konnte. Da bin ich ins Fitness-Studio gefahren, eben abreagieren. Ich habe mir immer wieder gesagt, ich will nach vorne schauen, ich will in die Zukunft blicken, und dort meine Chancen suchen», sie lächelte verzweifelt. «Aber da ist nichts, nicht einmal ein schwarzes Loch. Kein Licht am Ende des Tunnels, keine rosigen Zeiten, kein neuer Job … Auch uns habe ich nicht gesehen … Da war einfach nichts. Als würde es die Zukunft für mich, für uns, nicht mehr geben.»

Sie verschwieg Paul, dass Eddie ihr angeboten hatte, im Studio zu arbeiten. Sie verschwieg auch, dass sie das Angebot abgelehnt hatte, weil sie der Affäre auf keinen Fall neues Futter geben wollte.

«Du hast mich nie angerufen, als ich fort war.» Im erstem Moment wollte Paul den Worten einen vorwurfsvollen Unterton beimischen, dann eher einen versöhnlichen, doch es wurde eine undurchsichtige Mischung aus beidem.

«Ich ... Es ist ...» Sie stotterte etwas herum, suchte nach den Worten, vor denen sie zuvor flüchten wollte. Und schließlich fand sie Worte, deren Bedeutung sie zu diesem Zeitpunkt selbst nicht vollständig begriff: «Ich habe mal im Fernsehen eine Doku über psychisch Kranke gesehen. Und da haben sie gesagt, dass man die Patienten in der Therapie möglichst wenig mit Dingen aus der Außenwelt konfrontieren sollte. Na ja, und außerdem hatten wir ja den Streit und ich wusste nicht, ob du vielleicht mit der anderen ...» Sie hatte die Notiz gelesen, die Constanze damals am Abgrund eines Höllentrips geschrieben hatte, doch gerade jetzt schien es ihr besser, nichts davon zu erwähnen, um den Abstand zu erklären, den sie damals brauchte.

«Doch du hast mir gefehlt ... Ich glaube nicht, dass ein Streit fünf ganze Jahre fortwischen kann», sagte Paul in die Dunkelheit. «Ich hätte jemanden zum Reden gebraucht und es wäre mir besser gegangen.»

Susi verkniff sich ein Kichern, als sie an Paul und seine Stimme dachte und sich vorstellte, wie er sich mit ihr unterhielt.

«Ich wusste nicht, dass du mit mir sprechen wolltest. Du hast mich ja auch nur einmal angerufen.»

«Vielleicht war es doch nicht so wichtig. Manchmal ist es vielleicht wirklich besser, dass man Zeit mit sich verbringt, Dinge mit sich selber ausmacht und eben nicht alles weiß, was in der Welt vor sich geht. Muss ich denn alles wissen? Nein, bestimmt nicht», seufzte er und schüttelte den Kopf.

«Warum sagst du so was?»

Paul zuckte wieder mit den Achseln, doch Susi sah es in der Finsternis nicht.

«So genau weiß ich das auch nicht», log er und es entstand wieder die Stille, die Susi so fürchtete. Als wäre alles gesagt worden und die Fronten unüberwindlich. Noch immer waren die Gräben für eine Annäherung zu tief und die Stille löschte die Glut der wenigen Worte wieder wie ein kalter Herbstregen das wärmende Feuer von gestern.

Endlich wagte sie es: «Wie ging es dir, ich meine in der Therapie? Hat es ..., ist sie weg?»

«Die Kur war schon in Ordnung, meistens jedenfalls. Aber irgendwie wurde ich das Gefühl nicht los, dass die mich da oben nicht haben wollten. Ich war ihnen wohl zu verrückt. Aber ich bin ja jetzt hier in Therapie.» Das schiefe Grinsen sah Susi nicht. «Und, was hast du so getrieben?»

Jetzt war sie es, die hilflos mit den Achseln zuckte. Dann schob mit ihrem Hintern ein Schaf vom Sessel. Der dumpfe weiche Aufprall des Stofftiers verriet sie.

«Ich? Ich hab halt gearbeitet. Und mich gegen die Verkupplungsversuche von Kerstin gewehrt. Mehr war nicht.»

«Hast du auf mich gewartet?»

Wieder diese unerträgliche Stille zwischen zwei Menschen, die bereits mehr als fünf Jahre ihres Lebens miteinander verbracht hatten. Für Paul beantwortete das Schweigen die Frage besser, als es tausend Worte hätten tun können. Susi rutschte auf ihrem Sessel hin und her, griff dann nach Micky und warf das alte Stofftier achtlos auf den fleckigen Teppich; sie brauchten bald einen neuen, das stand fest.

«Um ganz ehrlich zu sein, nein. Ich habe gewartet, aber eben nicht auf dich. Es war eher ein Warten auf Ruhe, ein Warten auf das Aufhören des Schmerzes. Ich wollte einfach wieder atmen können, ohne das Denken an dich, Constanze und die Dinge, die ich dir an den Hals gewünscht hatte ... Deshalb habe ich mich in die Arbeit gestürzt, habe gelesen, habe versucht zu vergessen, habe alles Mögliche versucht, um irgendwann, wenn ich abends ins Bett ging, nicht mehr weinen zu müssen. Doch ich wollte dich nicht vergessen oder verdrängen. Und dann habe ich daran gedacht, dass du mir das Haus auf dem Mond bauen wolltest! Daran musste ich abends immer denken. Ich habe mir vorgestellt, wie du es für mich baust. Das half ein wenig.»

Paul wollte schon aufstöhnen, weil sie ihn wieder mit dieser dummen Geschichte aus grauer Vorzeit konfrontierte, aber er kaschierte das Seufzen geschickt, sodass sie dachte, er wäre gerührt.

«Wollen wir etwas essen?» Sie nickte, ohne dass er es sah. Er hörte aber, wie sie aufstand und die Kuscheltiere wieder in Ordnung brachte. Bei Mickymaus entschuldigte sie sich leise; sie tat es mit dieser niedlichen Stimme, mit der sie mit Kindern, Haustieren und ihrem Bauchnabel sprach.

«Wie geht es dir? Ich meine jetzt ...», fragte sie, ihm den Rücken zugewandt und sich mit dem Handrücken das Gesicht trocknend.

«Willst du das wirklich wissen? Das wird nämlich etwas dauern.» Sie drehte sich zu ihm um und sah ihm tief in die Augen.

«Ja, es interessiert mich», erwiderte sie und schnäuzte sich. Nachdem sie das Tempo im Bund ihres Jogginganzugs verstaut hatte, warf sie einen Blick in den Kühlschrank, während er in der Küchentür stand und nach Worten suchte. Nach Worten, die seine eigenen waren.

«Sie spricht noch immer zu mir. Es hat sich nichts geändert. Ich habe mich daran gewöhnt, dass sie da ist. Natürlich kann ich es nicht erwarten, dass sie wieder verschwindet», er zögerte kurz, während er die Butter neben den Herd stellte, «doch ich habe Angst, dass dann da eine Lücke bleibt, ein leerer Fleck, verstehst du? Das Schlimmste an der Sache ist eigentlich, dass du keine Ruhe mehr hast. Sie müllt mich ständig mit irgendwelchen Gedanken oder dummen Sprüchen zu, die nicht meine sind, oder sie beschreibt distanziert meine Gefühle und breitet sie vor einem imaginären Publikum aus. Nicht einmal nach zwanzig Stunden Schlaf bin ich ausgeruht, weil ich mich nicht fühle, als hätte ich so lange geschlafen. Ich nehme es nur an, weil die Stimme es mir sagt. Und wenn sie mal schweigt, was tatsächlich einmal der Fall war, dann bin ich nicht mehr real! Kannst du dir vorstellen, einfach zu verschwinden, nur noch ...», er suchte nach einem Vergleich, «ein leeres Blatt Papier zu sein? Ich verschwinde einfach, als überlegte die Stimme, einfach eine andere Geschichte zu schreiben. Sie wirft mich aus der Geschichte, aus meiner eigenen Geschichte! Aber sie wirft mich auch von einer Szene in die nächste und reißt mich fort, wenn ich mich eingefühlt habe, wenn ich angekommen bin. Immer wenn ich im Jetzt angelangt bin, springt er ein Stück vor mir her.» Wild gestikulierend stand er in der Küche, er sprach, wie durstige Menschen trinken. Doch in diesem Moment, das spürte er instinktiv, war er nicht mehr in Lebensgefahr. Also schwieg er. In seinem Kopf klangen Streicher und die emotionslose Stimme des Erzählers. Doch das war jetzt, in diesem Moment, egal.

Er holte die Kartoffeln aus dem Schrank und begann sie zu waschen. Susi reichte ihm den Sparschäler mit dem rosa Plastikgriff und kümmerte sich um die Panade für die Schnitzel.

«Im Moment beschreibt er, wie wir das Essen machen ... Er macht, dass ich mich wie eine Marionette fühle, als wäre ich nicht mehr in der Lage, alleine zu denken oder zu handeln. Analog zu dem, was ich tue, berichtet er über mich in der Vergangenheit, so, als erzähle er eine Geschichte, die letztes Jahr passiert ist! Aber ich weiß, dass ich hier bin, ich weiß, dass ich irgendwie mein Leben in den Griff kriege! Das muss doch möglich sein!» Schon hatte er sich wieder in Rage geredet, und für eine Sekunde überkam ihn die Angst, im nächsten Augenblick in einer neuen Szene zu erwachen und dann hören zu müssen, wie mies der Sex der beiden doch eigentlich gewesen war.

«Was für ein Gemüse?», fragte Susi, als sie die gusseiserne Pfanne auf den Herd stellte. «Was haben wir denn da?», überspielte er seine Angst.

«Erbsen und Möhren im Glas, Rotkohl ... ach ja, im Kühlschrank liegt noch Blumenkohl. Was magst du?»

«Nehmen wir den Blumenkohl, der wird so schnell schlecht.»

«Oh, dann tauschen wir, du putzt das Gemüse nie richtig. Zeig lieber deine Metzgerqualitäten bei den Schnitzeln, ich kümmere mich um den Blumenkohl.»

Die Betriebsamkeit in der Küche lenkte die beiden für kurze Zeit von der Fülle ihrer Probleme ab. Aber eben nur kurz. Das Fleisch brutzelte in der schwarzen Pfanne, die Kartoffeln kochten und Susi drehte den Herd runter, und verschränkte die Arme unter der Brust.«Eine sinnvolle Tätigkeit: Essen machen.»

«Warum sagst du das?»

«Na ja, wenn man sein Leben lebt, wie man Essen macht, dann sollte eigentlich alles in Ordnung sein. Man macht etwas mit einer bestimmten Absicht. Dieses Essen ist das erste seit langer Zeit, das wir beide gemeinsam machen und wieder einen Zweck hat. Für uns beide.» Er schob die Kartoffelschalen in den Bioabfalleimer und umarmte Susi vorsichtig. Sie fühlte sich warm an und er wollte sie nicht mehr loslassen. Nie mehr.

Als sie aßen und kaum ein Wort sprachen, dachte Paul daran, wie es früher gewesen war. Es war Donnerstag und um diese Zeit hatten sie sonst immer ausgiebig Sex gehabt. Es war der Tag, an dem nichts Vernünftiges im Fernsehen kam, und da kamen sie eben selber. Es war schon merkwürdig, wie sehr sie sich von etwas leiten ließen. Das Fernsehprogramm bestimmte ihr Sexleben, und Marc Wahlberg bestimmte, welche Unterhosen er trug.

Er steckte sich ein Stück Blumenkohl in den Mund und fragte: «Glaubst du, ... meinst du, wir haben noch eine Chance?» Er sah sie nicht an, sah nur die Spuren von Muskat im Essen, die dunklen Flecken.

Sie kaute zu Ende und legte das Besteck beiseite. Einen langen Moment sah sie Paul an, ehe sie schließlich bereit war, ihm auf diese Frage zu antworten.

«Um ehrlich zu sein, ich glaube gegenwärtig nicht daran. Aber ich will es auch nicht ausschließen. Es ist viel passiert, es ist viel zu tun. Frag einfach nicht mehr, ja?»

Dann aß sie wieder in die Stille hinein. Er hatte es versaut.

Paul fühlte, dass er nicht mehr willkommen war.

«Ich werde dann mal gehen», sagte er und stellte seinen Teller und sein Glas auf die Spüle. «Mein Handy habe ich dabei, inzwischen dürfte das Telefon bei meinem alten Herrn abgestellt sein.»

Er ging zur Tür und schulterte seinen Seesack. Susi war ihm gefolgt und sah ihn aus großen Augen an. In ihrem Kopf tauchten unzählige Szenen aus Liebesfilmen auf, in denen sie ihn ansah und plötzlich sagte, nein, hauchte: «Bitte, geh noch nicht!» Woraufhin er seine Sachen abstellte und sie innglich küsste. Szenen, in denen er sie sich nahm, sie umarmte und küsste, sodass auch ihr letzter Widerstand brach und sie ihn gewähren ließ, weil auch sie es wollte. Sie stellte sich vor als Scarlett, von der erwartet wird, sich in die Arme von Rhett zu werfen, wie Jane, die nach einer Liane greifen, oder wie die weiße Frau, die zu King Kong auf das Empire State klettern sollte. Sie wollte, dass er sie hält, wie auf den unzähligen Kitsch-Romanen, seine Augen tief und voller Liebe. Die gewechselten Worte nur ein Hauch, die Brandung im Hintergrund, sie in einem wallenden Kleid, er in einer schmucken Uniform, die sie ihm vom Leib reißen würde, um sich stilvoll zu lieben, im gewaltigen Himmelbett einer Südstaatenvilla.

Aber sie standen nur im Hausflur, und sie wollte ficken, sich in Lust vergessen und ihm Tiernamen geben. ‚Nähe!', schrie es in ihr, doch sie blieb stumm. Er berührte noch einmal kurz ihre Hand, dann war er aus der Tür. Seine Konturen verloren sich schnell in der Dunkelheit des Treppenhauses, das Geräusch seiner Schritte verhallte in der Nacht.

«Paul, meiner bescheidenen Meinung nach ...»

Ein schwerer Hustenanfall unterbrach den alten Hufnagel. Sie hatten lange geredet.

Paul hatte gesehen, dass bei seinem Nachbar noch Licht brannte, und geklingelt. Er hatte Alfons von der Stimme erzählt. Dabei hatte er immer wieder daran gedacht, wie absurd es war, dass er hier saß und dem einzigen Freund seines Vaters sein Herz ausschüttete. Aber er war einfach ein guter Zuhörer und das tat gut, wenngleich nicht so gut wie bei Susi. Vielleicht war der alte Kauz ja auch für seinen Vater ein guter Zuhörer gewesen?

«... hast du nur ein einziges Problem! – nicht unzählige, nicht viele, keine Hand voll, ja nicht einmal zwei, nein, ein einziges!»

Wieder ein tiefer Schluck aus der Bierflasche. Seine Stirn legte sich in dunkle Falten und seine Stimme wurde tief und eindringlich, als er weitersprach: «Doch dieses eine Problem ist das größte Dilemma unserer schönen Welt. Was du jetzt erzählt hast und was ich von deinem Vater – Gott möge dem alten Sturkopf gnädig sein! – weiß, bringt mich zu dieser einen Schlussfolgerung.»

Hufnagel war bereits ziemlich betrunken. Wild wedelte er mit seiner Bierflasche herum und Paul, selber nicht mehr klar im Kopf, wunderte sich nur darüber, dass sein Freund nicht lallte.

«Easy Rider und so 'n Scheiß! Die ganze Latte. Oh, und ich habe gedacht, es wäre das gleiche Problem wie bei Werner!» Er lachte laut. Doch dann wurde er mit einem Mal ernst: «Glaub mir, ich habe den Mist studiert und sogar unterrichtet. Du suchst nach einem Ausweg aus Aktion und Reaktion. Nach dem freien Willen, nach dem Wollen. Doch Paul, diese – in meinen Augen vergebliche – Suche und besonders das immer während Versagen, stürzte die Menschheit in die größten Tragödien ihrer Geschichte. Die schlimmsten Kriege wurden wegen ihr geführt und verloren ... Und auf diesem Pfad wandelst auch du! Gott sei es gedankt, dass dir keine Armee folgt! Nicht auszudenken, was geschehen könnte, folgte dir auch nur ein weiterer Narr auf diesem Weg!»

«Das verstehe ich nicht! Das ganze Leben dreht sich doch um den Traum von Freiheit! Endlich frei sein, nicht mehr buckeln müssen und so weiter – der amerikanische Traum. Ich meine, hey, ein ganzes scheiß Land haben die aus diesem Traum gebaut!»

«Ja, ja,», wehrte Hufnagel ab, «der Ausweg aus der selbstverschuldeten Unmündigkeit und so ein feuchtwarmes Geschwafel. Alles Quatsch! Die Gehirnforschung kann mittlerweile nachweisen, dass es Impulse im Gehirn gibt, noch bevor du weißt, was du willst! Umgekehrt können sie diese Bereiche stimulieren und plötzlich willst du etwas! Das ist doch der Grund, warum ich mich pensionieren ließ! Jeder Gedanke, alles Wollen ist für'n Arsch!»

«Aber das würde bedeuten, dass es den freien Willen gar nicht gibt!» Hufnagel rutschte ganz dicht an Paul heran.

«Exakt, oder quod erat demonstrandum, wie der Mathematiker sagt. Und damit ist deine Stimme auch nichts Außergewöhnliches, du bist halt eben der Erste, der diese Impulse hören kann. Und das ist cool. So sagt ihr jungen Leute doch, oder?»

Paul grinste. «Aber wenn dem wirklich so wäre, dann wäre ich doch für nichts mehr verantwortlich, denn ich tue ja nur das, was mein Gehirn mir sagt! Das ist doch die absolute Freiheit!»

Alfons sah seinen Freund aus glasigen Augen an, schien zu überlegen und schüttelte dann heftig den schweren Kopf.

«Paul. Das Letzte, was du willst, ist die Freiheit! Schau mich an: Ich bin Alkoholiker, rauche wie ein Schlot, brauche schon zwei Mal in der Woche einen Zivi, der mir hilft, und wenn es so weitergeht, auch bald eine hübsche Pflegerin, die mir täglich den Arsch abwischt! Ich bin wieder ein gläubiger Christ, weil das eine sehr bequeme Sache ist im Alter – ich meine mit dem Himmelreich und so. Ich lebe in totaler Abhängigkeit von Fernsehen, Betrinken und der Arbeiterwohlfahrt. Und mir geht es gut. Wenn ich gerade nicht so betrunken wäre, würde ich aufspringen und rufen: Jawohl! Es geht mir gut! Abhängig sein von anderen bedeutet in unserer Zivilisation, zum Anlass von Menschlichkeit zu werden. Leute tun mir Gutes und sie fühlen sich wohl dabei. Was gibt es Schöneres, als anderen Glück und Zufriedenheit zu schenken? Dass ich bald nicht mehr alleine aufs Klo kann, ist ein akzeptabler Preis. Es macht sie glücklich und mich auch. Und hier ist der Clou: Es ist nicht wichtig zu wissen, was du wirklich willst, sondern was dich glücklich macht. Denke nicht so sehr über den Traum von Freiheit nach, die es nicht geben wird, weil du nicht der Typ dafür bist. Denke lieber daran, was dich jetzt glücklich macht. Und wenn dich nichts glücklich macht, ändere das!»

Kapitel 14

Beinahe wäre Paul auf der Ledercouch eingeschlafen. Der Morgen dämmerte bereits, als er sich endlich aufraffte, dem selig schnarchenden Nachbarn auf die Schulter klopfte und heimging. Im Flur fiel sein Blick auf ein altes Foto. Es zeigte einen jungen Mann vor einem Motorrad und dahinter lag eine Straße, die irgendwo am Horizont verschwand.

«Zu viel James Dean», sagte er zu sich selbst.

Der erste Eindruck, als Paul die Tür öffnete, war der Geruch seines Vaters, gemischt mit dessen Eau de Toilette und dem Duft von Constanze. Noch heute würde er sauber machen. Der alte Dreck musste raus!

«Du sagst es! Aber erst einmal schlafen.» Er warf sich auf die Schlafcouch, die noch genauso dalag, wie er sie damals auf einer Bahre verlassen hatte. Viel Zeit war vergangen. Der Sommer war dem Herbst gewichen. Es war ein heißer Sommer gewesen. Hitze und Trockenheit. Ein Jahrhundertsommer. Müde zog er die alte, klamme Decke unter seinem Körper weg und tastete nach der Wolldecke; ihn fröstelte. Die Wochen, die das Haus unbewohnt war, hatten es ausgekühlt.

«Morgen wird aufgeräumt. Morgen ...» Gute Nacht!

«Halt die Klappe und lass mich schlafen ... bitte!»

Er konnte sich nicht mehr erinnern, wann er eingeschlafen war. Die tief stehende, blasse Sonne hatte ihn dieses Mal nicht geweckt. Er war aufgewacht, weil er es für richtig hielt, aufzuwachen. Der Traum war ausgeträumt. Der Traum hatte geendet. Ein Blick auf die Uhr, es war früher Nachmittag.

Er hatte nicht über Gebühr getrunken, im Gegensatz zu Alfons, der wahrscheinlich noch immer friedlich seinen Kater verschlief. Trotzdem hatte er Kopfschmerzen. Er entleerte seine – durch eine stattliche Morgenlatte angezeigte – volle Blase und dachte, auf dem Klo sitzend: «Alles verloren. Ich habe alles verloren. Frau, Freundin, Vater, ja sogar meinen Verstand!» Dabei tippte er an seine Schläfe. «Dazu Job weg und Freunde ... na ja, scheiß auf die. Und es ist klar, dass mich jeder schräg ansieht, der von der Stimme weiß!»

Er sprang vom Klo auf und zog mit der einen Hand die Unterhose hoch, während er die andere zur Faust ballte: «Lass mich in Ruhe!» Das geht nicht so einfach.

Paul schlug die Klotür hinter sich zu und hielt im Flur kurz inne. «Ich hatte einen merkwürdigen Traum. Es war der erste Traum, seit ich dich höre.» Das freut mich. Erzählst du ihn?

«Später. Ich habe noch etwas zu tun. Und ich muss mich beeilen!»

Es ist Samstag. Ich mag mein Handy. Damit habe ich Susi angerufen. Sie hat sich gefreut, dass ich mich gemeldet habe, und wir haben uns für nachher verabredet: Essen, Kino und dann ... mal sehen. Das klingt besser als reden, schweigen, weinen. Ich will wieder in meinem Bett schlafen. Und mittlerweile ist es mir nicht mehr egal, mit wem.

Im Moment sitze ich an einem Computer im Internetcafé. Ich habe Susi ein Grundstück auf dem Mond gekauft. Vielleicht kann man da ja wirklich mal drauf bauen, wer weiß das schon?

Jetzt muss ich noch eine Espressomaschine kaufen. Mit gutem Kaffee redet es sich besser. Nie wieder dieser Bodensehkaffee.

Jetzt kann der Winter kommen.

Was für einen Traum ich hatte, wollt ihr wissen? Hm, ich weiß gar nicht, ob es wichtig ist, den Traum zu kennen, es ist wichtiger zu wissen, dass man träumt. Dann weiß man nämlich auch, wann man es nicht tut.

Es ist kalt draußen und es riecht nach Schnee. Könnt ihr euch das vorstellen? Es ist September und es riecht nach Schnee! Der Jahrhundertsommer ist gerade vorbei und nun soll schon der Winter kommen. Vielleicht erzähle ich euch den Traum wirklich, denn er ist interessanter als das Wetter.

Jimmy

Gemeinsam mit Jimmy stand ich in einem großen Spielcasino. Der ‚Mann mit dem Plan' hatte seine Handlanger auf uns angesetzt. Sie hetzten uns und ich wollte mir nicht ausmalen, was geschehen würde, sollten sie uns in die Finger bekommen. Sie würden uns töten, soviel war klar, aber wie? Es war dieses verflixte Detail, das mir keine Ruhe ließ, gab es doch so viele Arten des Hinscheidens.

Warum er uns tot sehen wollte, weiß ich nicht mehr, und auch Jimmy sprach nicht darüber. Es war einfach so. Vielleicht hatten wir etwas getan, vielleicht hatten wir aber auch etwas nicht getan. Ich wurde nur das Gefühl nicht los, dass die Schuld auf meiner Seite lag, doch kümmerte es mich im Moment wenig. Es war einfach so und ich nahm es hin.

Wir versteckten uns zwischen den Automaten, Spieltischen und der Unzahl von Menschen, die ihrem Glück nachhingen, ihr Glück mit Systemen, mit Sprüchen oder schönen Frauen versuchten. Gemeinsam schlichen wir schmale und breite Gänge entlang, durchquerten große Hallen und Säle auf verschlungenen Wegen, sahen auf unserem Weg Köche, Spieler, Betrunkene, Angestellte, Prostituierte, schöne Frauen in teuren Kleidern, Touristen in Shorts – vermutlich aus Deutschland –, tief ausgeschnittene Dekolletes, gestärkte Hemden und immer wieder die breiten Schultern und die verkabelten Ohren des Sicherheitspersonals.

Die Tatsache, dass wir auf der Flucht waren und unser Leben auf dem Spiel stand, schien Jimmy, den alle nur den ‚Heiligen' nannten, nicht zu beeindrucken. Er war nachsichtig und freundlich zu all den Menschen, denen wir begegneten. Er trug einen teuren Anzug, hatte einen teuren Haarschnitt und ein Gesicht, wie es sich eine Frau in ihren feuchtesten Träumen ausmalte.

Trotz unserer Flucht, die uns auch Transportlifte benutzen und mehr als einmal durch Fenster oder Klimaschächte klettern ließ, schaffte es Jimmy immer, sauber und gepflegt auszusehen. Wenn wir unseren Weg durch die gigantischen Spielhallen bahnten, stieß ich immer wieder mit Leuten zusammen und Jimmy musste stehen bleiben, damit wir nicht getrennt wurden. Er selber durchschritt die Menschenmenge immer mit genügend Platz um sich herum. Und wenn ihm wirklich mal ein Herr oder eine Dame im Weg stand, tippte er ihnen kurz auf die Schulter, verbeugte sich leicht, faltete die Hände zu einer freundlichen Bitte und sagte: «Verzeihen Sie bitte, darf ich eben vorbei?» Diese Worte, der Tonfall, wie er es sagte und seine treuen, dunklen Augen öffneten ihm jeden Weg. Er war mein Held, der ruhende Pol in dieser hektischen Zeit vor unser beider Ende.

Wir landeten wieder einmal in einer Sackgasse. Diese beschissenen Casinos waren gebaut wie riesige Irrgärten. Sie waren gigantisch, mit mehreren Küchen – und in einer davon standen wir gerade.

Die meisten Räumlichkeiten hatten keine Fenster, sodass man nicht einmal ahnen konnte, welche Tageszeit es gerade war. Es war ein von der übrigen Welt entkoppelter Raum. Wie hätte zu der Situation ein früher Morgen, ein sonniger Mittag oder ein lauer Abend gepasst? Gar nicht. Nur das trübe Neonlicht, das dezente beige der Wände und die dunklen Holztüren, das passte.

Sie konnten uns nur in einem vom restlichen Universum losgelösten Raum jagen. Hier, in dieser kleinen Welt für sich, die ohne Zeit auskam, mussten wir unseren Häschern entkommen. Uns vor ihnen in Sicherheit bringen.

Ich deutete auf den Lastenaufzug, mit dem Speisen, Servierwägen und vieles mehr durch das unglaublich hohe Gebäude transportiert wurden. Jimmy nickte mir zu. Seine Miene schenkte mir das Vertrauen und die Zuversicht, die richtige Entscheidung getroffen zu haben.

Gemeinsam quetschten wir uns hinein und fuhren nach oben. Plötzlich bewegte sich nicht nur der Aufzug nach oben, sondern auch die Decke nach unten, sodass wir uns immer enger an den Boden pressten. Für einen Moment sah ich mich in Jimmys makellosen, warmen Augen: Dreckig, der untrügliche Ansatz von Geheimratsecken, das Hemd fleckig – war es Whisky oder Frühstücksei? – und weithin sichtbare Schweißränder unter den Achseln meines ungebügelten Hemdes, bei dem die Knopfleiste seltsam abstand.

Jimmy war natürlich auch jetzt, gebeugt und auf den Knien in einem Lastenaufzug, noch immer makellos. Selbst sein Gesicht war in diesem Moment perfekt ausgeleuchtet und für einen kurzen Moment war ich neidisch, furchtbar neidisch auf ihn, auf diesen Heiligen, der doch mein Schicksal teilte, obwohl er so anders war als ich. Aber eben nur in diesem einen Moment.

In irgendeinem Stockwerk stiegen wir aus und flohen weiter vor den Verfolgern, die bis zu diesem Moment noch kein Gesicht hatten. Ich hatte Gesichter von klassischen Mafia-Schergen im Kopf: Anzug, Pomade im Haar, eine Narbe im Gesicht und dem Paten treu ergeben, dem ‚Mann mit dem Plan'.

Wir bogen in schnellem Schritt um eine Ecke und da standen sie. Das Glück hatte uns verlassen. Und nun erkannte ich sie. Die vier Besten für einen solchen Job, vom ‚Mann mit dem Plan' ausgesandt, uns zu kriegen!

Fast eine Ehre, wie ich meinte. In diesem Moment spürte ich zum ersten Mal, wie schwer meine Glieder waren, wie müde und abgekämpft ich war. Dass ich mich am liebsten hingelegt hätte, als wäre ich schon mein ganzes Leben auf der Flucht. Wir waren wie erstarrt und bewegten uns nicht vom Fleck. Stattdessen rauschte unser Leben vor unserem inneren Auge vorbei. Und es war wirklich mein ganzes Leben, jede Geste meiner Eltern, jeder Augenaufschlag, jedes Wort, ja jeder einzelne Gedanke, auch wenn er nie zu Ende gedacht worden war, alles war in diesem Moment hier in meinem Kopf.

Doch in diesem Augenblick bogen die vier Halunken ab und verschwanden aus unserem Sichtfeld. Sie hatten uns nicht gesehen. Sie hatten uns in diesem senffarbenen Gang mit den Kristalllampen und den Zimmermädchen nicht gesehen. Auf einem weinrot gepolsterten Stuhl saß ein Mann mittleren Alters und schlummerte friedlich vor sich hin. Er hatte Ähnlichkeit mit meinem Vater. Er sah aus, als wäre er zumindest hier in diesem Casino mit sich selbst im Reinen. Neben ihm hing ein Bild, es war das Hochzeitsfoto meiner Eltern. Ich habe noch nie bemerkt, wie schön meine Mutter auf diesem Bild war.

Jimmy und ich sahen uns einen Moment lang tief in die Augen, dann zeichnete sich ein unglaublich gütiges und weiches Lächeln auf seinem Gesicht ab. Ich lachte laut und wir legten die Handflächen auf die des anderen, eine Geste, die Jimmy aus seiner Zeit im Knast kannte. Nach einer herzlichen Umarmung fühlten wir die Gewissheit: Wir waren ihnen entkommen. Es war vorbei.

Nachdem die Panik und die Gefahr, nachdem das alles nicht mehr existierte, musste ich tierisch pinkeln. Ich sagte es Jimmy und er nickte verschmitzt. Er würde hier auf mich warten, an diesen Tisch gelehnt, der auf einem anderen lag, die metallenen Füße wie ein totes Zeichentrickreh in die Höhe gestreckt. Seine blank geputzten Schuhe, sein knitterfreier Anzug und die schön bestickte Weste, all das würde auf mich warten und noch viel mehr. Er fuhr sich über das Kinn und anschließend durch das Haar und lächelte mich freundlich an.

Der Tisch, an dem Jimmy lehnte, war bei Konferenzen in den angrenzenden Räumen für die Erfrischungsgetränke gedacht. Und für Gebäck. Ich versuchte mir vorzustellen, wie er etwas aß, doch ich konnte es nicht.

Ich machte mich auf den Weg und als ich endlich eine Herrentoilette fand, war der Druck bereits extrem. Ich musste unbedingt pinkeln! Pissen! Und wie! Ich stieß die Türe auf und hätte eigentlich erstaunt sein müssen, aber schließlich war es ein Traum und so war ich es nicht. Das Innere sah aus wie der Umkleideraum einer Footballmannschaft: Durchtrainierte, teilweise kahl geschorene Schwarze zwischen nicht weniger muskelbepackten Weißen, einige nur mit einem Handtuch bekleidet, das sie sich um die Hüften geschlungen hatten. Andere wiederum trugen Anzug und hatten Aktentaschen bei sich. Vor den eigentlichen Toiletten warteten lange Schlangen. Erst stellte ich mich an, doch der Druck wurde immer größer, sodass ich schließlich in ein dunkles, von seltsamem Neonschein beleuchtetes Waschbecken pisste. Ein Marineinfanterist stand neben mir, drehte in meinem Waschbecken das Wasser auf und prüfte die Temperatur, ehe er sich Schaum ins bartlose Gesicht rieb und begann, sich zu rasieren. Ich versuchte, das alles zu ignorieren und betrachtete mich stattdessen im Spiegel: Heruntergekommen, vollkommen fix und fertig, aber noch immer am Leben!

Als ich das Klo verließ und zu Jimmy zurückging, freute ich mich noch immer über die gelungene Flucht. Doch der Tisch mit den Rehbeinen war weg. Jimmy auch. Sofort dachte ich an das Schlimmste. Kopflos rannte ich den Gang entlang und suchte nach dem Heiligen. Ohne Rücksicht auf meine Sicherheit rief ich seinen Namen, doch die wenigen Menschen, denen ich begegnete, sprachen anscheinend eine andere Sprache. Sie sahen mich aus großen Augen an, als wollten sie mir helfen, wussten jedoch nicht wie.

Eine Menschentraube hatte sich um einen der gigantischen Hauptaufzüge versammelt. Mit Gewalt und unter Einsatz meiner Ellenbogen drängte ich mich durch und da sah ich ihn: Jimmy! Er ging gebückt und trug den Tisch, an dem er zuvor noch gelehnt hatte. Die vier Handlanger des ‚Manns mit dem Plan' flankierten ihn, als er den Aufzug betrat. Die Anzeige war leider defekt, so konnte ich nicht sehen, ob sie nach oben oder unten fuhren. Bevor sich die riesigen verspiegelten Türen schlossen, sah ich, wie sie ihn auf den Tisch banden. In diesem Moment trafen sich unsere Blicke. Er lächelte mich so freundlich an wie die Damen und Herren, die er noch vor kurzem gebeten hatte, ihm doch Platz zu machen. Ich bemerkte, wie ich ihm einen letzten Kuss zuwarf. Dann schlossen sich die Türen und Jimmy verschwand für immer. Was mir dabei nicht so ganz klar war: Sollte ich Jimmys Beschützer sein oder er vielleicht doch meiner? Hatte ich versagt oder er es geschafft? Und was wäre passiert, wenn auch Jimmy hätte pissen müssen? Die letzte Frage erübrigte sich eigentlich, den Helden pissen nicht. Das weiß ein jedes Kind.

«Sätze sind manchmal zu Ende, noch bevor das wirklich Wichtige gesagt wurde – Geschichten auch», sollte man nun zu ihr sagen und dabei etwas schelmisch grinsen. Den Arm hatte man bereits um sie gelegt und ab und zu ihre Schenkel berührt, jedes Mal ein wenig weiter oben, näher am Ziel.

Und wenn man es geschickt angestellt hatte, interessierte sich die Dame schon eine Weile nicht mehr für Paul, hörte gar nicht mehr zu, sondern wollte den Erzähler. Doch bevor man ihr jetzt die alles entscheidende Frage stellte, sollte man sich unbedingt vergewissern, dass sie Kaffee kochen konnte.